AF340072

MÉMOIRE
SUR LES CÔTES
DE LA HAUTE NORMANDIE,

COMPRISES entre l'embouchure de la Seine & celle de la Somme, considérées relativement au galet qui remplit les Ports situés dans cette partie de la Manche ;

Par M^r. DE LAMBLARDIE, Ingénieur des Ponts & Chaussées.

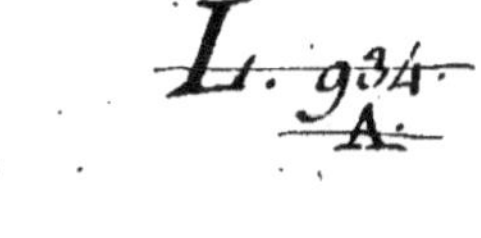

AU HAVRE,

De l'Imprimerie de P. J. D G. FAURE, Imprimeur du Roi.

M. DCC. LXXXIX.

MOTIFS

QUI ont déterminé l'impreſſion de ce Mémoire.

LE but de ce Mémoire, que j'ai rédigé il y a ſept ans, étoit de fixer des idées claires & préciſes ſur la marche du galet; objet ſur lequel on n'avoit alors qu'une opinion fauſſe qui influoit ſur les projets ordonnés pour l'amélioration des ports de la Manche, & principalement ſur ceux propoſés pour le port de Dieppe.

Juſqu'alors le prolongement des Jetées & la conſtruction des Epis étoient aſſez généralement regardés comme le ſeul moyen de s'oppoſer aux progrès du galet; & ſi ce ſyſtême eût prévalu, il en ſeroit réſulté des dépenſes immenſes pour le Gouvernement, & bientôt en pure perte, relativement à leur objet.

C'eſt d'après les principes contenus dans ce Mémoire que les projets des ports du Tréport, de Dieppe & du Havre ont été diſcutés & arrêtés, au moins pour la partie eſſentielle de ces projets, qui eſt relative aux alluvions.

On a toujours été pénétré de l'importance dont ſeroit pour la Marine Françoiſe l'établiſſement d'un port de Roi dans la Manche; & en 1782, époque de la rédaction de ce Mémoire, le Gouvernement ne paroiſſoit pas encore décidé ſur Cherbourg. On ne doit donc pas être étonné de la propoſition que je fais de l'emplacement d'Etretat; elle eſt au reſte une conſéquence naturelle de tout ce qui précede.

Cet établiffement ne pourroit d'ailleurs être confidéré que comme un port de relâche pour quelques vaiffeaux & frégates : le local fe refuferoit abfolument à un auffi vafte projet que celui de Cherbourg.

Il a été un temps où la difcuffion des travaux publics étoit renfermée dans un cercle peu nombreux, mais fuffifant, de perfonnes inftruites, pour éclairer & décider fur l'utilité & les avantages d'un projet, fur les principes & les moyens de fon exécution ; alors on n'en exigeoit pas plus. Mais à préfent il faut davantage ; & le public, plus attentif à fes intérêts, voit d'un autre œil tous les travaux qu'on exécute pour lui. Il ne fuffit plus d'ordonner des projets deftinés à ftimuler fon induftrie, augmenter fes moyens & faciliter fon commerce, il faut encore qu'il connoiffe les bafes fur lefquelles repofent ces projets ; qu'il juge s'ils font dignes des facrifices qu'il veut bien faire pour leur exécution.

Ce Mémoire n'étoit donc point deftiné pour l'impreffion ; mais le projet ordonné pour l'amélioration du port de Dieppe venant d'être attaqué & difcuté publiquement, il convient, & même on exige que les principes d'après lefquels plufieurs parties de ces projets ont été arrêtées, foient auffi rendus publics. J'ai profité de cette occafion pour faire quelques changements & un petit nombre d'additions à ce Mémoire, qui doit faire partie de ceux que la Municipalité de la ville de Dieppe fait imprimer pour le même objet. Le zele & l'amour du bien public qui diftinguent particuliérement les perfonnes qui compofent cette Municipalité, leur ont infpiré le defir & fait prendre la réfolution de défendre un projet qu'ils regardent comme le plus propre à l'amélioration de leur pòrt ; & je n'ai pu leur refufer de concourir avec eux pour une auſſi louable intention.

Le Mémoire qui attaque les projets du port de Dieppe, eft ſpécialement deſtiné pour MM. de la Chambre du Commerce (1). J'aurois defiré que celui-ci eût été digne de leur être offert ; mais cette offre n'auroit été qu'une trop foible expreſſion de l'hommage que je rends à leur juftice & à leurs lumieres.

---

(1) Note de la page 19 du Mémoire cité.

leur part; & je n'ai pu trouver que le découvrir avec eux
[illegible] autant que leur [illegible] attention.

[illegible] moins un [illegible] les projets du père de l'hu-
manité également destiné pour MM. de la Chambre du Commerce (1). Puis [illegible] destiné que celui-ci eût été digne de leur
être offert; mais cette offre n'auroit été qu'une trop foible
[illegible] de l'homme [illegible] que je voudrois faire. Nice & à leurs
lumières.

____

(1) [illegible]

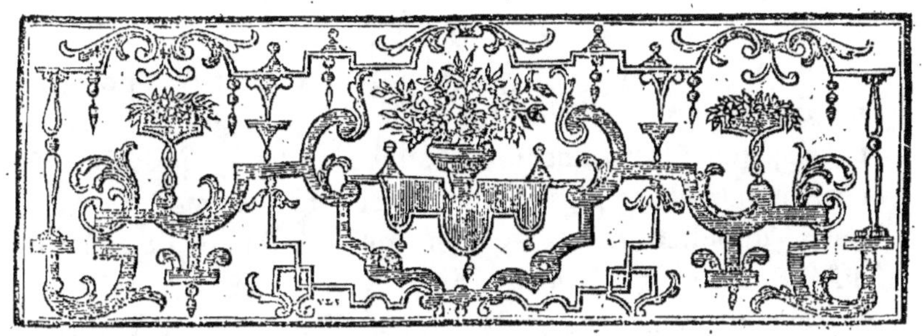

MÉMOIRE

SUR les Côtes de la Haute Normandie, comprises entre l'embouchure de la Seine & celle de la Somme, considérées relativement au galet qui remplit les Ports situés dans cette partie de la Manche.

DESCRIPTION ABRÉGÉE DE LA CÔTE.

1. LE développement de la côte comprise entre la Seine & la Somme, est de 40 lieues marines de 20 au degré, ou de 114,000 toises. Le Havre-de-grace, Fécamp, Saint-Valery-en-Caux, Dieppe, le Tréport & Saint-Valery-sur-Somme, sont les ports situés sur cette côte. Ils restent totalement à sec lorsque la mer est basse, & les navires ne peuvent y entrer que lorsque la mer a monté d'une hauteur relative à leur tirant-d'eau.

Entre le Havre-de-Grace & Fécamp, (*Voyez la Carte ci-*

jointe,) on trouve deux petits ports, Etretat & Yport; l'on ne peut y mettre à l'abri les petits bateaux qui servent à la pêche, qu'en les tirant sur le haut de la plage, où ils sont assez élevés pour n'être plus exposés aux effets de la mer. Ces petits ports s'appellent *Echoux*. On en trouve un semblable au Bourg-d'Ault, entre le Tréport & Saint-Valery-sur-Somme.

Cette partie de côte n'offre point, comme celle d'Angleterre qui lui est opposée, des angles saillans & rentrans qui forment des baies renfoncées & des ports naturels, dans lesquels le navigateur trouve un abri sûr contre la tempête. La côte d'Angleterre est à l'abri des vents de la partie de l'ouest & du nord-ouest, tandis que celle de la haute Normandie est constamment exposée à l'action de la mer fortement agitée par ces vents régnans. Elle n'a donc pu conserver ni baies ni pointes saillantes, & les angles qu'elle forme dans son pourtour sont tellement émoussés & arrondis qu'elle ne présente dans toute sa longueur que de grandes courbures applaties & assez uniformes.

2. On y distingue cependant deux caps, celui d'Antifer & celui d'Ailly ; la formation du cap d'Antifer, situé entre le Havre & Fécamp, n'est point due au hasard, & des causes continuellement uniformes tendent toujours à le maintenir dans son état.

3. Lorsque la mer monte dans la Manche, elle est sujette à différens courans relatifs aux gisemens de la côte & aux baies qu'elle remplit. Parmi ces courans, il en faut distinguer un que nous nommerons *courant principal*; c'est celui du large qui suit le milieu du canal, & auquel est soumise la plus grande partie de la marée montante.

Vis-à-vis chaque baie, il se détache du courant principal une masse d'eau proportionnelle au vuide de cette baie. Il se

forme

forme alors un nouveau courant dont la vîteffe & la direction tiennent, 1°. de la vîteffe & de la direction du courant principal; 2°. de la vîteffe & de la direction dues à la pente qui follicite la mer à fe porter par le chemin le plus court dans la baie. Ce nouveau courant ne tend donc point perpendiculairement vers le vuide à remplir; il décrit une ligne oblique & vient frapper la côte au delà de l'embouchure de la baie, dans laquelle la mer entre par conféquent du côté oppofé à celui d'où vient la marée montante.

Le point de la côte où le courant vient frapper, & la ligne qui fépare ce courant du courant principal, font d'autant plus éloignés de l'embouchure de la baie, que le vuide de cette baie & la pente du courant qui tend à la remplir, font plus confidérables.

Appliquons ces principes à la formation du cap d'Antifer. Lorfque la marée montante a doublé le cap de Barfleur, elle dépaffe l'embouchure de la Seine qui forme une baie très vafte. La maffe d'eau qui fe détache du courant principal pour remplir cette baie, fuit la réfultante de deux forces qui la follicitent: la premiere eft le mouvement que cette maffe d'eau avoit acquis avant d'être féparée du courant principal; la deuxieme vient de la pente qui l'entraîne vers l'embouchure de la Seine, au nord de laquelle la direction de cette réfultante vient rencontrer la côte dans un point quelconque.

La ligne de féparation de ce courant d'avec le courant principal vient auffi joindre la côte dans un point un peu plus nord que le précédent. Il doit y avoir divifion de forces à ce point de féparation, la marée s'y divifant naturellement pour courir en deux fens contraires. Ce point doit donc être celui de la côte contre lequel il fe fait le moins d'efforts; il doit donc être le moins détruit & former un angle faillant ; c'eft le cap d'Antifer.

La même ligne de féparation eft le fommet d'un plan incliné que forme la furface fupérieure de la marée montante qui coule vers l'embouchure de la Seine. Cette pente exifte encore lorfque la vîteffe du courant principal eft zéro , c'eft-à-dire , quand la mer eft pleine au large ; où , paffé ce moment, elle doit avoir baiffé pendant quelque temps , pour que le Jufant commence à l'embouchure de la Seine. C'eft-là une des caufes pour lefquelles le port du Havre garde fon plein pendant un tems dont la durée eft encore accrue par l'effet de la marée baiffante , dont le courant , en fe portant fur la côte de la Hougue , occafionne , vers l'embouchure de la Seine, un remous qui empêche la riviere de defcendre.

4. On peut encore déduire des principes ci-deffus : 1°. qu'un courant qui remplit un port , y entre toujours par le côté oppofé à celui d'où vient la marée montante ; ce courant prend dans plufieurs endroits le nom de *Verhaule* , & la ligne qui fépare les deux courants s'appelle *Lime & Rondaine* ; 2°. que du côté oppofé à celui d'où vient la marée montante , il doit fe former fur la côte , au point de féparation des deux courants , un petit cap dont la diftance à l'entrée du port eft d'autant plus grande que la quantité d'eau qui fe porte vers le port eft plus confidérable; 3°. que la mer monte moins haut dans l'intérieur d'un port qu'au large où le courant principal a lieu, & que la différence des hauteurs eft en raifon de la diftance du courant principal à l'entrée du port; 4°. enfin qu'il doit monter moins d'eau au Havre que dans les autres ports de la Manche compris entre la Seine & la Somme (*).

____

(*) Cette différence eft de 6 à 7 pieds environ.

Les terres fupérieures du cap d'Ailly, dont l'exiftence tient à d'autres caufes que celles qui ont formé celui d'Antifer, contiennent beaucoup de grès en grandes maffes. Ce cap étoit autrefois plus avancé vers la mer qui l'a détruit; les vagues ont délayé, & les courants ont enlevé les terres & la marne qui conftituoient la partie qui en a difparu; les maffes de grès tombées fur la plage ont feules réfifté & formé des brifants (*) qui divifent les vagues, en modèrent la force, & diminuent confidérablement leur action fur le pied du cap, tandis qu'à droite & à gauche, la côte eft vivement attaquée. Mais lorfque le long d'un rivage, il y a dans une partie moins d'action de la part de la mer; la deftruction de cette partie doit être auffi moins confidérable, & par conféquent elle doit former un cap.

5. Entre l'embouchure de la Seine & celle de la Somme, la côte eft coupée, de diftance en diftance, par plufieurs vallées où coulent des rivieres qui prennent leurs fources dans le pays de Caux, dans le pays de Brai & dans le comté d'Eu. On trouve auffi très-fouvent des vallons qui s'étendent peu dans les terres & fervent feulement à l'écoulement des eaux pluviales.

Les vallées font; 1°. celle de Fécamp, où la riviere de Ganfeville a fon embouchure; 2°. celle de Cany, appellée communément *la grande vallée*, arrofée par la riviere de Durdan; 3°. la vallée de Veulles, dont la riviere prend fa fource à très-peu de diftance dans les terres; 4°. celle de Saint-Aubin, où

(*) Ces brifants, témoins antiques & irrécufables de la deftruction de la côte, forment des écueils dangereux qui s'étendent plus de trois quarts de lieue au large. C'eft pour les reconnoître pendant la nuit, que la Chambre de Commerce de la Normandie, fans ceffe occupée de ce qui peut intéreffer la Navigation, a fait élever, en 1775, un phare à l'extrémité du cap.

coule le Dun ; 5°. Celle de Sainte-Marguerite ou d'Ouville, où coule la Saane ; 6°. celle de Pourville, arrosée par la Seye ; 7°. celle de Dieppe, où la riviere d'Arques reçoit dans son lit, à une lieue & demie du port, celle de Béthune, qui prend sa source aux environs de Forges, & celle d'Eaulne ; 8°. la vallée de Criel, dans laquelle passe la riviere d'Yeres ; & enfin celle du Tréport arrosée par la Bresle. Les principaux vallons sont ceux d'Etretat, Yport & Saint-Valery-en-Caux.

6. Ces vallons & les vallées indiquées ci-dessus, sont à-peu-près perpendiculaires à la direction du sud-ouest au nord-est, qui est celle des vents pluvieux ; & il resulte de cette position que le côteau du côté du nord-est descend très-rapidement vers le fond de la vallée, tandis que celui du sud-ouest offre une pente douce & très-alongée. En effet, le côteau du nord est est alternativement battu par les pluies du sud-ouest qui le frappent presque perpendiculairement, & desseché, consolidé même par l'ardeur des rayons du soleil en son midi, auquel il est pleinement exposé ; tandis que les terres du côté du sud-ouest, qui ne reçoivent point ou presque point les influences du soleil, conservent toujours une grande humidité qui les rend faciles à être attaquées, délayées & entraînées par le choc oblique des pluies du sud-ouest, qui sont forcées par le vent à prendre, dans leur chûte, une direction assez inclinée à l'horizon, plus favorable que toute autre pour dégrader le sol qu'elles attaquent.

Les rivieres qui coulent au fond de ces vallées, reçoivent les eaux pluviales chargées des terres qu'elles ont délayées & entraînées, & tendent constamment à élargir, du côté du nord-est, leur lit toujours comblé & retréci du côté du sud-ouest par ces alluvions.

Ces rivieres approfondissent donc continuellement leur lit du côté des côteaux exposés à la direction des vents pluvieux; elles font donc incessamment pressées contre ces côteaux dont elles tendent à rendre la pente plus rapide, qu'elles s'efforcent même de rendre à pic, en les attaquant constamment à leur pied; tandis que, du côté opposé, la pente des coteaux tend sans cesse à s'allonger par la descente des terres entraînées par les eaux pluviales.

On peut déduire de cette théorie l'explication des observations suivantes : 1°. Dans toutes les vallées dont la direction est perpendiculaire, ou à-peu-près, à celle des vents pluvieux, la pente de la montagne exposée à ces vents est toujours beaucoup plus rapide que l'autre; 2°. Les rivieres ont leur cours au pied des montagnes les plus rapides, & leur lit est plus profond de ce côté que de l'autre (*), &c.

DE LA FORMATION DU GALET.

7. Les parties de la côte comprises entre les vallées dont nous venons de parler, opposent vainement aux efforts de la mer agitée, de grandes falaises de 200 pieds de hauteur réduite au-dessus de son niveau.

Ces falaises, composées de bancs de marne séparés par des couches de silex, sont sapées à leur pied par le choc des vagues : bientôt toute la partie supérieure est en surplomb, se détache, tombe & se brise par l'effet de sa chûte. La mer acheve de diviser cette masse, & les eaux se chargent de la marne qu'elles ont délayée pour en former des dépôts.

(*) Voyez l'Histoire Naturelle de M. de Buffon, vol. 2, pages 22, & 44, &c. éd. in-12.

8. Le filex eft roulé le long de la côte par le choc réitéré des vagues, il s'ufe; fes parties anguleufes fe brifent; il s'arrondit enfin, acquiert une forme fphéroïdale & prend alors le nom de *Galet*. Tout ce que le filex perd de fa groffeur, en paffant de fa forme primitive à celle de galet, eft converti par le frottement en petit gravier & en fable.

Aux efforts continuels de la mer fe joignent encore d'autres caufes qui concourent à la deftruction des falaifes. Des fentes prefque verticales reçoivent les eaux pluviales qui filtrent à travers les terreins fupérieurs. Lorfque ces fentes fe trouvent parallèles à la face des falaifes, & que l'eau qu'elles contiennent en hiver, eft affez expofée aux influences de l'air pour entrer en congellation, la dilatation qu'elle éprouve alors détache avec force des parties de falaifes & les précipitent dans la mer. Fort fouvent le dégel occafionne la chûte des maffes que la dilatation de l'eau glacée n'a pu que divifer. Ainfi la deftruction des falaifes eft un effet de la nature auquel l'art ne pourroit oppofer qu'une vaine réfiftance.

9. Mais quand & à quelle epoque la mer a-t-elle commencé à détruire nos côtes? Les falaifes que nous voyons actuellement hautes & coupées à pic, alloient-elles vers la mer en confervant leur même hauteur, ou le canal de la Manche n'étoit-il qu'une vallée dans laquelle la force des vagues & des courants s'eft enfin ouvert un paffage?

On ne peut répondre à ces queftions que par des probabilités. 1°. Les côtes d'Angleterre nous indiquent qu'étant de la même nature que les nôtres, cette énorme folution de continuité n'a pas dû toujours exifter (*); 2°. Une ancienne,

---

(*) Voyez l'Hiftoire Naturelle de M. de Buffon, éd, in-12, tome 2, pag. 419 & fuiv.

mais-très-confuſe tradition nous porte à croire que le niveau
de la mer s'eſt autrefois élevé ſur une partie des côtes de la
Manche & dans l'embouchure de la Seine, à une plus grande
hauteur que de nos jours. On indique pluſieurs endroits
reculés dans les terres, où les hautes marées ne peuvent
plus atteindre. Or, on ſait que dans la baie de Cancale,
dans le ras Blanchard & dans le canal de Briſtol, la mer s'é-
leve à plus de 40 pieds au-deſſus des baſſes mers, hauteur
preſque double de celle à laquelle elle monte à Cherbourg,
au Havre, &c. On peut donc préſumer avec aſſez de vraiſem-
blance que la Manche étoit autrefois fermée, & qu'alors,
comme dans celle de Briſtol, la mer s'y élevoit à une bien
plus grande hauteur qu'à préſent; il eſt encore très-probable
que cette hauteur a diminué à meſure que la Manche s'eſt
élargie, comme elle diminueroit dans le ras Blanchard, ſi les
îles de Greneſey, Jerſey & Aurigny étoient détruites, comme
la hauteur & l'effet du flot nommé *la Barre* dans la Seine, &
Maſcaret dans la Dordogne, diminuent par l'élargiſſement
du lit de ces rivieres; & qu'alors ſe ſont formés les dépôts qui
ont comblé les vallées dans l'intérieur deſquelles la mer ne
pénétroit plus juſqu'à de ſi grandes diſtances.

10. La mer baſſe nous découvre des parties de falaiſes qui
ont été détruites & emportées, le frottement & la force des
vagues les plongeront par la ſuite au deſſous du niveau des
eaux, comme bien d'autres qu'on ne peut plus découvrir qu'à
la ſonde. Ces parties de falaiſe que la mer nous laiſſe voir en
ſe retirant, offrent tout le long de la côte des écueils dangereux; la mer les détruit & en produit de nouveaux en
reculant ſes bornes. Ces écueils forment, le long du rivage,
entre le Havre & Saint-Valery-ſur-Somme, une bande de

160 toiſes de largeur réduite , ſur 114,000 toiſes de longueur ; ce qui produit une ſuperficie de 18,240,000 toiſes quarrées.

11. Les couches de ſilex , dont les falaiſes ſont compoſées, n'ont point cette même ſuperficie ; leur plan reſſemble aſſez à de groſſes racines d'arbres qui viennent ſe joindre mutuellement , & qui laiſſent entr'elles des vuides aſſez conſidérables. Ces vuides peuvent former les trois cinquiemes de la ſurface totale ; ce qui réduit celle des couches de ſilex à 72,960,000 toiſes quarrées.

12. Le nombre de ces couches eſt ordinairement de 60 , à compter du niveau de la baſſe mer juſqu'au haut de la falaiſe ; leur épaiſſeur varie beaucoup , on peut la réduire à trois pouces , (*) c'eſt le moins ; ce qui produit , pour les 60 couches , quinze pieds de hauteur. Ainſi le cube de ſilex provenant ſeulement de la deſtruction des falaiſes qui ont exiſté ſur les rochers qui découvrent actuellement à marée baſſe , entre le Havre & Saint-Valery-ſur-Somme , eſt de 18,240,000 toiſes cubes.

13. Ces ſilex , en paſſant de leur état primitif , qui eſt communément cylindrique , à la forme de galet qui eſt à peu prés ſphéroïdale , perdent environ un tiers de leur volume.

La groſſeur des galets doit auſſi diminuer par leur froiſſement continuel les uns contre les autres ; cette diminution , qui doit être conſidérable , eſt très-difficile à déterminer ; cependant , vû la petiteſſe à laquelle ils ſe trouvent réduits , lorſqu'ils ont été roulés pendant un certain temps , on fixera cette diminution encore à un tiers.

(*) Les couches de ſilex les moins épaiſſes qu'on ait obſervées , ne ſont pas communément au-deſſous d'un pouce ; elles ont ordinairement 7 à 8 pouces ; on trouve des ſilex de 12 pouces d'épaiſſeur.

14. Ainſi la deſtruction de la partie des falaiſes qui découvrent le long de la côte à marée baſſe, aura produit environ 6,080,000 toiſes cubes de galet & 12,160,000 toiſes cubes de ſable.

15. La diſtance moyenne des côtes de l'Angleterre à celle de la haute Normandie eſt de 30 lieues marines, ou de 85,500 toiſes. Comme le courant du flux & du reflux entraînoit, par ſa grande rapidité, les débris des côtes, à meſure qu'il les détruiſoit, on préſume que le ſilex n'aura pas eû le temps de s'arrondir dans les premiers temps de la formation du canal de la Manche : il a fallu une certaine largeur à ce canal, qu'on ſuppoſera égale à celle du pas de Calais, où ſe trouve le port de Douvres à l'entrée duquel il y a du galet. Il y auroit donc eu depuis cette époque 12 lieues de largeur de côtes détruites du côté de la France, formant 34,200 toiſes, & autant du côté de l'Angleterre, qui ont dû produire plus de 5 billions de toiſes cubes de ſable & deux billions cinq cent mille toiſes cubes de galet.

16. Par cet apperçu, l'on doit juger de l'immenſité de galet qui a dû ſe former depuis que la mer a ſéparé l'Angleterre du continent, & l'on ne doit plus être étonné ſi tous les ports & toutes les baies, qui ſe trouvent le long de la côte entre le Havre & Saint Valery-ſur-Somme, en ſont totalement remplis. L'opinion de ceux qui penſent que la mer les repouſſe de ſon ſein ſur nos côtes, doit être regardée comme ſans fondement. Quelques recherches en effet que nous ayons faites, nous n'en avons jamais trouvé ni dans le creux des écueils, ni dans les parcs (*) conſtruits çà & là, le long du rivage ; & ſi

---

(*) Un parc eſt une enceinte de 18 à 20 pouces de hauteur, & d'environ 24 pieds de diametre, faite en planches ou en clayonnages ſurmontés de filets, pour prendre du poiſſon ſur le bord de la mer.

C

le galet venoit du large , il auroit commencé par les remplir.
D'ailleurs les rivieres qui ont leur embouchure entre la Seine
& la Somme, ne font point affez fortes, & leurs fources ne
font point affez éloignées, pour que le peu de cailloux qu'elles
peuvent porter à la mer, puiffe entrer en ligne de compte dans
les maffes immenfes de galet qui bordent la côte.

A l'égard des fables pouffés par les vents de la partie du
nord-oueft , ils ont très-probablement formé toutes les Dunes
qui commencent à l'embouchure de la Somme , & s'étendent
du côté de la Flandre.

DU COURS DU GALET.

17. On a reconnu, par des obfervations & des calculs com-
parés, que chaque année, l'une dans l'autre, la côte étoit détruite au moins d'un pied réduit fur toute fa longueur.

	tol. ds. o	Superficie.	Cube.
		tol. ds. o	tol. ds. o
Cette longueur eft de. . . . . 114,000 » »		19,000 » »	47,500 » »
Largeur réduite. 1			
Hauteur des couches de filex (12). . . . . 2 3 »			

Il ne faut prendre que les $\frac{2}{5}$ de ces 47,500 toifes cubes, pour
avoir la maffe de filex que fournit , chaque année, la deftruction des parties de falaife qui fe détachent (11).

18. Cette maffe eft de 19,000 toifes cubes; par conféquent
la côte doit fournir, chaque année, 16ª. 4ds. cubes de filex de
cent toifes en cent toifes, qui doivent produire , dans la
fuite, 5ª. 3ds. 4°. cubes de galet (13 & 14).

19. Ce filex ne peut parvenir à cette forme qu'après avoir
été roulé le long de la côte par l'action continuelle des vagues.

Ce mouvement eſt relatif, tant pour ſa force que pour ſa direction, à la direction du vent, à ſa force, au mouvement de
la marée & au giſement des différentes parties de la côte, au
pied de laquelle ſe range le galet. Il y prend un talut qui lui
eſt propre, & dont la hauteur & la baſe ſont relatives à la
poſition du ſol ſur lequel il eſt aſſis, comparée à l'élévation
des plus fortes vagues au-deſſus du niveau des hautes mers.
Nous allons expoſer des principes relatifs à cet objet, dont
le réſultat eſt parfaitement d'accord avec celui des obſervations (*).

20. Soit un ſyſtême quelconque de petits corps mobiles
m, m, m, &c. (*fig.* 1ere.) placés ſur un plan horizontal, ſolli-
cités par des puiſſances pm, pm, égales, agiſſant dans des directions paralleles entr'elles, & avec leſquelles ils ne peuvent
être en équilibre que par l'appui mutuel qu'ils ſe prêtent; cet
équilibre ne pourra avoir lieu que lorſque la ligne extérieure
$C m m m$, &c. D de leur plan, formera une demi-chaînette
dont le dernier élément D ſera perpendiculaire à la direction
des puiſſances pm. Et réciproquement, lorſque pluſieurs corps
mobiles ſeront diſpoſés de maniere à former une demi-chaînette $C m m D$, ils ſeront en équilibre avec des puiſſances
égales & paralleles qui les ſolliciteront & qui ſeront perpendiculaires au dernier élément D de la courbe. Le raiſonne-
ment qui ſert à prouver ces deux propoſitions, eſt le même que
celui qu'on applique au problême de la chaînette.

21. Pluſieurs petits plans inclinés $A m, m m$, &c. $m B$ (*fig.* 2),
mobiles & poſés les uns au-deſſus des autres, dans une courbe

____

(*) Ces obſervations ſur le talut & le plan horizontal que prend le galet, lorſqu'il
obéit librement à l'impulſion des vagues, peuvent être intéreſſantes par le rapport qu'elles
ont à la conſtruction des digues à pierres perdues.

verticale, ne feront en équilibre avec les efforts d'un corps qui montera & defcendra le long de cette courbe, que lorfqu'ils auront pris des pofitions refpectives, telles que la courbe *AmmB* foit celle de la plus vîte defcente, & réciproquement, *&c.*

Car fi la courbe n'eft pas celle de la plus vîte defcente, le corps perdra quelques degrés de fa vîteffe en la parcourant; or, cette perte ne peut avoir lieu fans la communiquer à quelques-uns des éléments mobiles de la courbe, & le déplacement de ces éléments qui réfultera de cette communication de vîteffe, aura toujours lieu, jufqu'à ce que le corps ait la plus grande vîteffe poffible & que la courbe *A m m B* foit une cycloïde.

S'il n'exiftoit ni flux ni reflux, les vagues donneroïent au galet & en général au talut des corps mobiles qui forment le rivage de la mer, une courbure peu différente de celle que l'on vient d'indiquer; mais l'exhauffement fucceffif du niveau de la mer y apporte quelques changements dont les caufes peuvent être facilement analyfées.

22. Le mouvement des ondes eft ifochrone; elles ofcillent par conféquent dans des arcs de cycloïde. Soit *AB* (*fig. 3*) le niveau de la mer dans un moment quelconque de fon élévation, rencontrant en *B* le talut *FBE'E*. Soit *CE* la hauteur de l'onde dont l'élévation *AC* au-deffus de *AB*, eft égal à fon abaiffement *AE* en contrebas du même niveau : l'onde ou la vague montant le long du talut *EE'BF* tend à donner à ce talut la courbure d'une cycloïde. On dit tend à donner, parce que la formation de cette courbe dépend de la force des vagues, de la nature & de la plus ou moins grande denfité & tenacité des matieres dont le talut eft compofé, & du temps que la

mer reſte au même niveau *AB*. Si les matieres ſont très-mobiles , il faudra peu de temps & peu d'effort aux vagues pour former le talut en courbe cycloïdale *E F* ; il en faudra davantage , ſi les matieres ont de la tenacité.

Suppoſons maintenant , la vague conſervant toujours la même force , que le niveau de la mer ſe ſoit un peu élevé & qu'il ſoit arrivé en *ab* ; alors le point le plus bas de la vague ſera en *e* ; elle s'efforcera à former un autre arc de cycloïde *E'b f* égal au premier , & cette nouvelle courbe coupera la précédente au point *E'*.

23. Une autre élévation de *e* en *e'* donnera naiſſance à un troiſieme arc de cycloïde *E'' F'* qui coupera le deuxieme au point *E''* ; & ainſi de ſuite. Enfin , lorſque la mer ſera parvenue à ſa plus grande hauteur , la partie ſupérieure du talut ſera terminée par un arc de cycloïde *E''' F''* , & la partie inférieure par une ligne *E'''E''E'E* paſſant par les points d'interſection des arcs de cycloïde.

Si les accroiſſements de la mer ſont proportionnels à la tenacité du terrein , alors les points *EE'E''* , &c. ſeront dans une même ligne droite dont l'inclinaiſon ſera en raiſon directe de la force des vagues & de la durée de leur choc , & en raiſon inverſe de la tenacité du terrein. Si cette tenacité étant uniforme , les accroiſſements de la mer & la force des vagues pendant la durée de ces accroiſſements ne l'étoient pas ; ou *vice verſâ* , alors les points *EE'E''* , &c. ſeroient dans une ligne courbe.

Les accroiſſements de la mer ne ſont pas conſtants ; on ſait qu'elle ne parvient pas uniformément à la hauteur à laquelle elle s'éleve chaque marée ; ſa vîteſſe très-inſenſible au commencement , s'accélere peu-à-peu juſqu'à la moitié de ſon

élévation, & diminue enfuite jufqu'au moment de fon plein;
il en eft de même à marée baiffante. Ainfi, en fuppofant le
rivage fur lequel la mer fe brife d'une réfiftance uniforme
& l'effort des vagues conftant pendant la marée montante, le
talut du rivage doit former une courbe convexe de E en E'''.

24. Le plan courbe fur lequel fe range le galet & le talut
que la mer lui donne, ainfi qu'aux autres matieres qui forme
fes bords, s'accordent parfaitement avec les figures qu'on
vient de leur affigner (20 & 23). Une courbe cycloïdale termine la partie fupérieure du talut, tandis que la partie inférieure s'étend vers la mer, en fuivant une pente très-douce,
lorfque c'eft du fable, plus douce encore, lorfque c'eft de la
terre, mais plus rapide avec le galet. On obferve dans cette
pente des inégalités dont on peut rendre raifon, foit en
confidérant les différentes denfités des matieres qui compofent le talut, foit par l'obfervation faite de l'accroiffement
ou de la diminution qui eft furvenue dans la force des vagues
pendant le cours de la marée, foit enfin en ayant égard à
l'état de la mer dont les vagues atteignent une plus grande
hauteur dans la vive-eau que dans la morte-eau.

25. Plufieurs circonftances locales font varier le rapport de
la bafe ED du talut avec fa hauteur $E''D$. Lorfqu'il ne fe
trouve aucun obftacle, le talut prend alors toute l'extenfion
qui lui eft propre. L'élévation de la crête au-deffus du niveau
des plus hautes mers eft toujours en raifon de la hauteur à
laquelle s'élevent les plus fortes vagues; elle eft par conféquent relative au gifement de la côte par rapport aux vents
régnants. En effet, cette élévation n'eft formée que par les
matieres mêmes qui compofent le talut; les vagues tendent
toujours à les pouffer dans leur direction, jufqu'à ce que

(23)

trouvant un obstacle quelconque qui s'oppose à leur marche, elles les accumulent, les élevent, les lancent même à une hauteur où le sommet de la lame ne peut plus atteindre.

26. Ainsi dans toutes les parties de la côte également exposées au même effort des vagues, la crête du talut se trouve à la même élévation au-dessus du niveau des hautes mers. Cette élévation va, dans les digues de galet, jusqu'à douze pieds dans les parties les plus exposées; & là où la mer n'est que très-peu agitée, la crête du talut est presque de niveau avec celui des plus hautes mers. Cette différence dans l'exhaussement de la crête des taluts est un moyen sûr de juger la force plus ou moins grande avec laquelle les rivages sont attaqués par la mer agitée.

27. A l'égard de la partie inférieure du talut, elle se raccorde insensiblement avec la pente naturelle du fond de la mer. Mais si le sable, ou le galet, &c. portent sur un banc de rochers GH (fig. 3) élevés au-dessus du niveau des basses mers; alors le pied du talut s'appuie sur ces rochers, il se termine en G, & le rapport de la base à la hauteur est comme celui de $GH : F''H \lessgtr ED : F''D$. Ce rapport varie encore en raison du gisement de la côte, relativement aux vents régnants; les parties exposées au choc des plus fortes vagues doivent prendre en effet un talut beaucoup plus alongé.

28. Ce talut mesuré sur le travers d'une digue en galet directement exposée aux vents de nord-ouest, s'est trouvé tel que la base étoit à la hauteur à-peu-près :: 7 à 1. Mais dans la partie qui se prolongeoit sous le niveau des basses mers, la pente a été trouvée de 30 pieds de base sur 1 pied de hauteur.

29. Le plan horizontal des masses de galet qui bordent le pied des falaises, suit absolument leur contour & leur direc-

tion; mais lorſque le galet entrant dans une baie ou traverſant une vallée, n'a plus d'autre appui que lui-même, ou des alluvions qui n'offrent qu'une foible réſiſtance aux efforts de la mer; alors les vagues le rangent ſur un plan courbe dont la concavité tournée du côté de la mer, préſente une figure qui ne doit différer que très-peu d'un arc de chaînette (20).

30 On a meſuré la fleche & la corde d'un arc de cette eſpece à l'embouchure d'un vallon dont les habitations & les terres ne ſont garanties des irruptions de la mer que par une digue en galet naturellement formée par le choc des vagues. A partir d'un point de cet arc où la tangente étoit perpendiculaire à la direction des vents de nord-oueſt, on a mené du côté de l'oueſt & du côté de l'eſt, à deux points de cet arc, deux cordes de 150 toiſes chacune. La fleche de l'arc du côté de l'oueſt a été trouvée de 4 toiſes, & celle de l'autre arc, de 4 toiſes 4 pieds. La corde qui joignoit chaque extrémité de ces deux arcs avoit 295 toiſes de longueur, & la fleche 28 toiſes. La corde du côté de l'oueſt tendoit vers le ſud-oueſt-quart-oueſt, & celle du côté de l'eſt à-peu-près vers le nord-eſt-quart-nord. L'arc répondant à cette corde étant plus expoſé aux vents régnants, que le premier; il n'eſt pas étonnant que ſa flech: ſe ſoit trouvée de 4 pieds plus grande.

31. Les côtes de la Manche (*Voyez la carte ci-jointe*) expoſées à la direction des vents de nord-oueſt, offrent encore un exemple de la courbure que nous venons d'indiquer. On obſerve en effet que la partie de cette côte compriſe entre le cap d'Antifer & le cap Gris-Nès près d'Ambleteuſe (*), préſente à l'effort des vagues un arc concave, ayant ſon milieu aux

___

(*) Le peu d'étendue de la Carte n'a pas permis de mettre la poſition de ce Cap,

environs du Tréport où la courbure de la côte eft perpendiculaire à la direction des vents du nord-oueft.

La force & la direction des vagues font toujours une réfultante de la force & de la direction du vent & de la marée ; mais
on doit obferver que cette compofition de forces qui doit exifter
au large, n'a prefque point lieu le long de la côte, où le mouvement de la marée, comparé à l'effet du vent fur les vagues,
eft prefque infenfible. On doit donc regarder fa vîteffe comme
nulle dans la circonftance dont il s'agit ; & nous avons en
effet obfervé plufieurs fois par le calme, que le courant de
la marée ne donnoit, le long de la côte, aucun mouvement
au galet (*).

32. Si la direction des vagues eft perpendiculaire à la côte,
alors le galet n'a d'autre mouvement que celui que les lames
lui font prendre, en le faifant monter & defcendre le long de
fon talut. Cette direction des vagues eft la plus favorable
pour faper le pied de la falaife, & par conféquent pour produire du galet, mais la moins propre pour le faire courir le
long de la côte)

33 Si la direction AB des vagues (*fig. 4*) eft inclinée à la
côte, leur effort fe décompofe en deux autres ; l'un BC perpendiculaire à la côte, & l'autre BD qui lui eft parallele. Le
premier effort tend à détruire la falaife, & le fecond roule le
galet le long de la côte & le conduit dans les ports & dans les
baies qu'il trouve fur fon paffage. Ainfi toutes chofes étant
égales d'ailleurs, plus la direction des vagues feroit parallele
à la côte, plus le chemin que parcourroit le galet feroit confi-

____

(*) Il y a cependant des cas où le mouvement de la marée doit entrer dans la compofition des forces qui agiffent fur la côte : 1°. dans un détroit ; 2°. lorfque le gifement de la
côte eft tel que le courant de la marée porte directement deffus.

dérable ; mais on fent bien qu'à même force de vent, celui dont la direction eft parallele à la côte, ne doit pas former les vagues les plus fortes, & que par conféquent les vagues paralleles à la côte ne doivent pas amener le plus de galet.

34. On fait en effet que les ondes de la mer font beaucoup plus élevées au large que fur les bords, où leur mouvement d'abaiffement & d'élévation eft troublé par le frottement & la réaction du fond.

Cela pofé, foit menée parallelement au bord de la côte AB (*fig. 5*) une ligne CD, où commence à monter vers AB le fond dont la réaction & le frottement troublent & dérangent le mouvement ofcillatoire des vagues ; il eft évident que le mouvement d'une onde venant de E vers F, ne fera diminué que de G en F, pendant que celui d'une onde venant dans la direction HF fera dérangé fur la longueur $TF > GF$; la force des vagues fera donc en raifon inverfe de la longueur des lignes marquant leur direction, tirées du point F aux différents points de la parallele CD. D'où l'on voit que, fi le vent eft abfolument parallele à AB, l'effet des vagues le long de la côte fera nul, & le galet n'aura aucun mouvement le long de AB. Or, cet effet ayant lieu lorfque les vagues ont la direction EF perpendiculaire à la côte ; entre ces deux directions il doit s'en trouver une fuivant laquelle les vagues donnent au galet la plus grande viteffe poffible, pour courir le long de AB ; ce qui arrive lorfque la direction des vagues forme un angle de 45 degrés avec celle de la côte.

Soit en effet exprimée la côte par AB, la direction des vagues par TF, faifant avec la côte un angle quelconque $AFT = \zeta$; foit pris fur le prolongement de TF une quantité FP exprimant la direction & la force de la vague ; du point P foit menée PR perpendiculaire à AB, & achevé le parallélograme $FQPR$. FR exprime la force avec laquelle la vague pouffe le galet le long de la côte, & l'on aura $1 : cof. \chi :: PF : FR = PF \cdot cof. \chi$; mais la force PF des vagues eft en raifon inverfe des lignes FT tirées du point F à la ligne CD. On a donc $FR = \frac{PF}{FT} \cdot cof. \chi$. Soit pris FG perpendiculaire à CD pour le finus total; donc $FT = cofécante\ \chi = \frac{1}{fin.\ z}$; donc $FR = PF \cdot cofin\ \chi \cdot fin.\ \chi$. On aura le *maximum* de FR, en faifant $dif. (PF \cdot cof.\ \chi \cdot fin.\ \chi) = 0$; donc $cof.\ \chi \cdot d\chi\ cof\chi$ $- fin.\ \chi \cdot d\ \chi\ fin\ \chi = 0$; donc $\overline{cof.\ \chi}^2 = \overline{fin.\ \chi}^2$; donc $\chi = 45$ degrés.

35. Ainfi, lorfque la direction du vent formera avec celle de la côte, un angle de 45 degrés, le galet aura toute la vîteffe poffible, relativement à la plus ou moins grande force du vent.

36. Il y a des cas où le gifement des différentes parties de la côte peut être tel, par rapport à la direction du vent, que le galet foit pouffé dans des fens différents.

Le premier a lieu lorfque deux parties de la côte AB & CB (*fig. 6*) forment un angle rentrant que la direction du vent partage à-peu-près en deux également : alors le galet concourra au point B.

Le deuxieme, lorfque deux parties de la côte AB & BC (*fig. 7*) forment un angle faillant que la direction du vent divife de même à-peu-près en deux également : alors le galet fe partage au point B; une partie court vers A, & l'autre vers C.

Soit TF la direction du vent, & pris PF fur fon prolongement pour en exprimer la force qui fe décompofe en deux autres FQ & FR ; la premiere perpendiculaire à la côte, tend à la détruire ; la deuxieme qui lui eſt parallele, tend à faire courir le galet (*fig* 6 & 7). On voit que les deux forces FR de la figure 6 tendent vers B, & qu'elles s'en éloignent dans la figure 7.

37. Suppoſons que l'angle B (*fig.* 7) forme un cap aſſez avancé dans la mer, pour que ſa poſition & d'autres circonſtances locales empêchent le galet de venir de A en B ; en ſorte que tout le galet courant le long de la côte B, C, D, &c. ait ſa premiere origine en B : ſuppoſons encore les diſtances BC, CD, DE, &c. d'une lieue marine de longueur ou 2,850 toiſes : puiſque chaque partie de la côte de 1,000 toiſes de longueur, fournit par an 5 toiſes 3 pieds 4 pouces cubes de galet (18), la partie BC en fournira 150 toiſes environ ; & ſi les vents dominants ont une direction propre à faire courir le galet le long de la côte, en allant de B vers F, alors les 150 toiſes cubes formées de B en C, paſſeront dans la partie CD ; il en paſſera 300 toiſes cubes dans la partie DE, 450 toiſes dans la partie EF, &c. en ſorte que tout le galet formé de B en F, paſſera par le point F.

38. La quantité de galet qui paſſe par un point quelconque de la côte, eſt donc proportionnelle à la diſtance qu'il y a de ce point à celui où le galet commence à ſe former ; en ſorte que ſi l'on connoiſſoit exactement la vîteſſe du galet, on pourroit auſſi connoître la quantité paſſée depuis un temps donné ; mais cette vîteſſe qui dépend de la direction du vent, de ſa force, de ſa durée & de beaucoup d'autres circonſtances, eſt très-difficile à bien déterminer.

39. La côte compriſe entre le Havre & Saint-Valery-ſur-Somme fournit annuellement 19,000 toiſes cubes de ſilex (18).

& par conféquent 6,300 toifes cubes de galet. On a tout lieu
de croire que cette maffe ne refte point le long de la côte, &
qu'à la fin d'une année, à partir d'une époque quelconque,
les 6,300 toifes cubes arrivent au but que la nature leur a
fixé. En effet, fi dans l'efpace d'une année, l'action des vagues
ne pouvoit débaraffer la côte des 6,300 toifes cubes qui fe
font formées dans ce temps, il s'en feroit néceffairement
un amas le long du rivage, qui garantiroit le pied des falaifes
du choc des vagues. Les falaifes ne fe détruifant plus, le
galet n'auroit plus lieu; mais l'épaiffeur des falaifes diminue
tous les ans d'un pied, il faut donc que l'action des vagues
débarraffe le rivage des 6,300 toifes cubes de galet que la
chûte d'un pied de largeur de falaifes a occafionnées.

40. Tout ce galet court le long de la côte en deux fens dia-
métralement oppofés. Au Havre-de-Grace, en regardant la
mer, il vient de la droite; au Tréport, à Dieppe, Saint-
Valery-en-Caux & Fécamp, il vient de la gauche; & ces deux
mouvements ne font occafionnés que par le gifement de la
côte qui forme, entre le Havre & Fécamp, un angle faillant,
à droite & à gauche duquel l'effort des vagues fe décompofe
le long du rivage en des directions contraires (*Voyez la
planche II*)

Cet angle faillant eft le cap d'Antifer dont nous avons
parlé ci-deffus (2 & 3). La direction des vents de la partie
du nord-oueft, les plus fréquents & les plus violents qui
regnent dans la Manche, le divife en deux parties égales, en
forte que le galet eft obligé de s'y partager : une portion
dépaffe le Havre & va former la pointe du Hoc; l'autre portion dépaffe Fécamp, Saint-Valery-en-Caux, Dieppe, le
Tréport, & vient augmenter le territoire de Cayeux en

formant la pointe du Hourdel. Le galet encombre dans fa courfe tous les ports qui fe trouvent fur fon paffage, & l'excédent eft roulé jufqu'aux pointes que l'on vient d'indiquer.

La direction des vents du nord-oueft fait un angle de 45 degrés (35.) avec celle du plus grand nombre des différentes parties de la côte entre le Havre & Saint-Valery-fur-Somme; le temps où ces vents fouffient eft donc celui pendant lequel le galet doit venir avec plus d'abondance. C'eft ordinairement pendant fix mois de l'année, depuis la fin d'Octobre jufqu'à la fin d'Avril, durant lefquels un plus grand nombre de caufes phyfiques tend à la deftruction des falaifes : auffi c'eft pendant l'hiver que l'entrée de nos ports eft le plus fouvent encombrée par le galet.

41. On ne trouve autour du cap d'Antifer qu'un galet local & en très-petite quantité, tandis que cette quantité va toujours en augmentant le long du refte de la côte, à fur & mefure qu'on s'éloigne du point de partage. Il fuit en effet de ce que nous avons dit ci-deffus, qu'il doit paffer annuellement à Fécamp, éloigné de 5 lieues du cap d'Antifer, en fuivant le contour de la côte, 750 toifes cubes de galet; à Dieppe éloigné de 20 lieues, 3,000 toifes cubes; au Tréport éloigné de 26 lieues, 4,125 toifes cubes; & qu'il en doit enfin arriver à la pointe du Hourdel, éloignée de 35 lieues, 5,300 toifes cubes; il n'en doit arriver au Havre & par conféquent à la pointe du Hoc, que 1,000 toifes cubes par an.

La côte de Baffe-Normandie, depuis la Dive jufqu'à la pointe de Barfleur, met toute la côte entre le Havre & le cap d'Antifer, à l'abri des vents régnants qui pourroient faire courir le galet vers ce cap; & ceux de la partie du nord-nord-eft qui pourroient faire revenir le galet le long de la côte, depuis

Saint-Valery-sur-Somme, jusqu'au cap d'Antifer, regnent très-rarement avec force. Ce cap est donc le vrai point de partage du galet ; c'est de là qu'il part pour aller augmenter les dépôts où sa course se trouve, pour ainsi dire, terminée.

DES INCONVÉNIENTS

occasionnés par le galet, & des moyens employés pour s'en garantir.

La nature toujours constante dans ses moyens, l'a toujours été dans ses effets. Nous voyons aujourd'hui nos falaises se détruire & le galet se former ; nous le voyons poussé par des vents de nord-ouest, courir le long de nos côtes, fermer nos ports & en rendre l'entrée très-difficile. Nous devons en conclure que depuis des temps très-reculés, les falaises ont été détruites par la mer, & que le galet soumis aux efforts des vagues, a constamment cherché nos baies pour les remplir, & nos ports pour les combler. Si l'on refusoit pour preuve de ces faits, l'uniformité de la nature, les traces qu'elle nous a laissées de ses effets, nous conduiroient toujours à cette vérité.

4°. Il y a sept cents ans environ que l'église paroissiale de Saint-Adresse étoit sur le banc de l'Eclat, à 700 toises environ du cap de la Heve (*) ; c'est un fait que d'anciens titres ne permettent point de révoquer en doute. Alors la pointe la plus avancée du galet dans la rivière de Seine, qui porte depuis long-temps le nom de *Pointe du Hoc* (**), & répond

____

(*) Voyez la Planche II.

(**) La dénomination de cette pointe vient du mot Anglo-Saxon HOOK, *crochet* ; c'est en effet la figure de la pointe du Hoc & de toutes les pointes saillantes ou pouliers formés par le galet.

maintenant à Harfleur, devoit se trouver entre le village de la Grande-Heure & Notre-Dame-des-Neiges ou petit l'Heure. La position de cette pointe étoit donc, relativement au Port de Harfleur, ce qu'est la pointe actuelle du Hoc par rapport au bord de la côte, près le château d'Orcher.

Alors la riviere de la Lézarde avoit son embouchure dans la Seine immédiatement à la sortie du port de Harfleur, dont l'entrée étoit baignée par la mer, comme l'est actuellement celle du Havre. A cette époque, les alluvions entraînées par la marée baissante, ne se fixoient pas encore au devant du port de Harfleur, & leur dépôt n'a commencé à avoir lieu dans cette partie, que lorsque la pointe du Hoc a été assez avancée pour les retenir. Ces alluvions au travers desquelles la Lézarde s'est creusé un lit, ont porté son embouchure à la pointe du Hoc qui, avant 1300, s'étoit avancée jusqu'au petit l'Heure, où il s'étoit formé un établissement connu sous le nom de *Port-au-Hoc*. On voit en effet, dans cet endroit, d'anciens ouvrages en maçonnerie qui annoncent que cet établissement fut fortifié pour défendre l'entrée de la Lézarde. Les Anglois s'en emparerent en 1415.

Mais l'entrée de ce port fut bientôt fermée par le galet & en 1500 environ, époque de l'établissement de celui du Havre, elle étoit absolument impraticable. Il ne sera peut-être pas inutile d'indiquer ici les causes physiques qui ont dû donner lieu à la formation de ce nouveau port.

Les dépôts de galet poussés par les vents du nord-ouest ont toujours formé une digue qui, partant du cap de la Heve, a été se terminer à la pointe du Hoc (*). Cette digue a toujours

___

(*) On ne doit pas perdre de vue que le cap de la Heve & la pointe du Hoc

circonscri

circonfcrit un très-grand efpace compris entr'elle & le pied de la côte qui regne depuis la Heve jufqu'à Harfleur. Il n'y a eu pendant long-temps dans cet efpace que de très-grandes criques que la mer rempliffoit à chaque marée, & dont les eaux, jointes à la fin à celles de la Lézarde, s'écouloient par fon embouchure dans celle de la Seine. Ces criques très-fpacieufes, offroient un port naturel qui pouvoit contenir un fort grand nombre de navires à l'abri de tous les effets de la mer.

Lorfque l'entrée du Port-au-Hoc s'eft trouvée fermée par le galet, les eaux retenues dans ces criques, ont rompu, dans la partie la plus foible, la digue dont nous venons de parler; elles s'y font ouvert un nouveau paffage qu'elles ont entretenu chaque marée, & au moyen duquel les navires ont pu entrer dans les criques & en fortir. Cet événement imprévu a fait donner à ce nouveau havre le nom de *Havre-de-Grace* (*).

---

font des points mobiles dont le premier eft continuellement détruit par la mer, & le fecond remonte fans ceffe l'embouchure de la Seine; en forte que la digue actuelle de galet, comprife entre ce cap & les jetées, étoit autrefois plus à la mer. Cette affertion eft confirmée par les bancs de tourbe que l'on voit au pied de la tour Vidame & même fous cette digue en galet : ils font à-peu-près au niveau de ceux que l'on trouve en creufant dans le marais. Or, ces bancs de tourbe n'ont pu être formés que par la ftagnation des eaux retenues par la digue qui devoit être par conféquent plus au large... Avant 1100, époque où cette digue tenoit au banc de l'Eclat, il pouvoit y avoir des établiffements formés fur les terres d'alluvions que retenoit cette digue ; & c'eft peut-être dans cet endroit qu'exiftoient les *Caftra Conftantia* dont la pofition eft défignée par Ammien Marcellin à l'embouchure de la Seine. Voyez l'Hiftoire du Havre-de-Grace de l'Abbé Pleuvri, deuxieme édition, pages 8 & 9.

(*) L'Abbé Pleuvri, dans l'ouvrage cité ci-deffus, page 31, fait provenir le furnom de G*race* d'une petite Chapelle conftruite au bord du rivage, fous l'invocation de *Marie*. Mais cette explication ne paroît pas fatisfaifante, parce que 1°. les titres confervés de cette Chapelle ne l'indiquent point fous le nom de *Notre-Dame-de-Grace*; 2°. d'après quelques manufcrits fur l'Hiftoire du Havre, on peut révoquer en doute l'exiftence de cette Chapelle.

E

Les chofes étoient en cet état, lorfque l'Amiral Bonnivet reçut ordre de François I d'aller examiner dans quelle partie de la côte il conviendroit d'établir un nouveau port qui pût remplacer celui de Harfleur. La pofition du Hâvre-de-Grace lui parut fi intéreffante, qu'il la préféra à l'embouchure de la riviere de Touques, au-deffous d'Honfleur, & à Etretat. Cet établiffement fut donc réfolu & commencé en 1516.

Ceux formés au Hoc & à Harfleur fe porterent bientôt vers ce nouveau port, & ne tarderent pas à mériter l'attention du Gouvernement. Plufieurs ouvrages, parmi lefquels on remarque encore une tour qui fixoit & défendoit l'entrée du chenal, furent conftruits ; mais cette entrée ne fut pas long-temps fans-être-obftruée par le galet. Les prolongements fucceffifs de la jetée du nord'oueft jufqu'au point où nous la voyons aujourd'hui, des épis conftruits en grand nombre entre cette jetée & la pointe de la Heve, font les moyens inutiles & momentanés qu'on a oppofés à fa marche conftante & à fes effets. L'entrée du port s'eft toujours encombrée & l'eft encore d'une maniere qu'il n'eft pas inutile de remarquer ici.

43. Suppofons A la tête de la jetée DA (*fig. 22.*), AB le pied du talut du galet arrivé à l'extrémité de la jetée DA, AC un prolongement de la jetée DA, pour retenir le galet venant de B vers A. Chaque année la maffe du galet augmentant derriere AC, le pied du talud arrive en C : alors il dépaffe & tourne autour de la tête C, en formant un dépôt qui prend la figure cba ; ce dépôt s'appelle *Poulier*.

44. Il doit fa forme à deux caufes principales. La premiere vient de ce que la marée montante prend pour entrer dans le port, le contour $CEFG$ (*) ; le courant s'établit le long de

____

(*) La maffe d'eau qui fe détache du courant principal pour entrer dans la baie de la

(35)

la jetée oppofée à celle du côté de laquelle vient le galet ; il
y a alors un remous de *a* en *c*. La feconde caufe vient de ce
que la marée baiffante fait effort pour enlever le galet arrivé
en *abc*, tandis que l'action des vagues tend à chaque inflant
à le retenir & à en faire entrer de nouveau. La combinaifon
de ces deux efforts n'en forme plus qu'un feul dont la force &
la direction donnent au poulier la figure *abc*. La force de la
marée montante combinée avec celle du remous, produit le
même effet.

45. C'eft pour détruire ce poulier, dont la pofition eft très-
dangereufe pour l'entrée des navires, que l'on a très-ancien-
nement conftruit au Havre quatre petites éclufes de chaffe,
qui font le meilleur & l'unique moyen que l'on ait employé
pour fe débarraffer du galet. On voit, *dans l'Architecture hy-
draulique de Bélidor, tome 3, pages 383 & fuiv.*, quelques rai-
fons pour lefquelles on n'a pas tiré tout l'avantage poffible de
ces éclufes, mal difpofées d'ailleurs pour l'effet qu'on pourroit en attendre, au moins relativement à l'enlevement du
poulier.

Tout le galet qui n'a pu parvenir dans l'intérieur du port
du Havre, a été fe dépofer, comme il arrive encore aujour-
d'hui, à la pointe du Hoc. La limite de ce dépôt eft le point
où l'effet des vagues, qui pouffent le galet en remontant dans
l'embouchure de la Seine, eft en équilibre avec l'effort de
la marée baiffante, jointe au courant de la riviere qui s'oppofe
à la marche du galet. La pointe du Hoc s'accroît donc en
fuivant une direction qui eft la réfultante des deux forces qui

---

Seine, forme elle-même un courant principal, relativement à la petite maffe d'eau qui s'en
fépare pour remplir le port du Havre. La marée montante doit donc y entrer du côté
oppofé à celui d'où vient ce courant principal (4).

pouſſent & retiennent le galet. Cette pointe augmente & augmentera toujours, & ſon effet ſera de preſſer conſtamment la Seine ſur la côte oppoſée.

En conſidérant l'embouchure de la Seine comme le chenal d'un grand port, & la côte qui ſe trouve à ſa droite, comme une jetée dont le cap de la Heve ſeroit la tête ; alors les dépôts qui ſont compris entre la Heve, Ingouville, Graville, Harfleur & la pointe du Hoc, forment un poulier ſemblable à celui dont nous venons de parler.

On a vu ci-deſſus (13 & 41) que chaque année apportoit à cette pointe une augmentation d'environ 1,000 toiſes cubes de galet (*), dont la formation doit produire 2,000 toiſes cubes de ſable, ſans compter celui qui provient du frottement & de l'uſure des galets roulés le long de la côte les années précédentes.

46. C'eſt principalement à ces ſables qu'eſt due la formation des bancs changeants qui rendent ſi difficile la navigation de l'embouchure de la Seine ; ils ſont le jouet alternatif des vents & des marées. Les vents de la partie de l'oueſt & le flot les pouſſent vers Quillebeuf ; la marée baiſſante & les vents de la partie de l'eſt tendent à les porter à la mer. Ils ſe joignent aux ſables que la riviere de Seine entraîne dans ſon cours, & s'amoncelent enſemble aux environs de Quillebeuf, où ils for-

---

(*) Ce Mémoire a été fait en 1782. Depuis cette époque, on enleve le galet à l'entrée du chenal du port du Havre, à meſure qu'il y eſt apporté par la mer ; enſorte que la pointe du Hoc n'eſt plus augmentée qu'aux dépens de la digue de l'Heure, dont l'épaiſſeur diminue continuellement. Cette diminution occaſionnera ſans doute une irruption de la mer dans la vallée, & la majeure partie de la plaine de l'Heure & de Graville, qui eſt au deſſous du niveau des hautes mers, ſera inondée. . . Cet enlevement a donné lieu de vérifier la quantité de galet qui arrive au Havre, & le réſultat eſt conforme au calcul qui en a été fait (41).

ment une Barre ou une espece de déverſoir , qui joint à l'inconvénient de gêner infiniment la navigation , l'avantage de
retenir dans la partie ſupérieure les eaux de la Seine ſur une
aſſez grande hauteur. Le lit de cette riviere offre depuis
ce point juſqu'à Rouen , un canal très-profond qui ſeroit pra-
ticable aux plus grands navires , ſi la Barre en queſtion leur
permettoit le paſſage. Mais c'eſt en vain qu'on chercheroit à
l'approfondir ; d'une part , les ſables qui ſe renouvellent &
s'accumulent ſans ceſſe , chercheroient conſtamment à le remplir ; & de l'autre (ce qu'on croit impoſſible) ſi l'on parvenoit
à en fixer enfin l'élargiſſement , ce ne ſeroit qu'aux dépens de
la hauteur de l'eau dans la partie ſupérieure de la Seine qui ,
n'étant plus retenue par cet obſtacle , trouveroit un plus grand
débouché , & dépenſeroit par ce nouveau pertuis une bien
plus grande quantité de ſes eaux. Cet excédent de dépenſe
auroit donc à la fois deux inconvéniens , celui de diminuer la
profondeur de la Seine dans ſa partie ſupérieure , & celui
d'augmenter conſidérablement la vîteſſe de ſon cours.

47. La variation dans les bancs de ſable & autres dépôts
dont l'embouchure de la Seine eſt continuellement embar-
raſſée , dépend encore des changements qui ſurviennent dans
la direction des vents. Lorſqu'ils ſoufflent de la partie du
nord , les vagues ſont pouſſées vers la rive gauche , le long de
laquelle la ſurface de l'eau ſe trouve agitée , tandis que le
calme eſt d'autant plus grand ſur la rive droite , que l'élévation de la côte qui la met à l'abri , eſt plus conſidérable.
Cette rive eſt à ſon tour agitée lorſque les vents ſoufflent de
la partie du ſud ; & de ce côté , le calme eſt pareillement
relatif à la hauteur de la montagne qui borde ce rivage. Mais
la ſurface de l'eau ne peut être agitée , ſans produire ſur le

fond une action, qui étant proportionnelle à la hauteur des vagues, le creusera d'autant plus vîte, que les matieres qui le composent seront plus légeres, plus mobiles, & que le courant qui les déplacera, sera lui-même plus fort. Si quelque remous porte l'eau chargée de ces troubles indigenes vers la rive opposée, le calme & la stagnation favoriseront leur dépôt, & le fond en sera d'autant plus exhaussé.

Or, les vents les plus forts & les plus constants qui traversent la Seine, viennent de la partie du sud-ouest; l'angle que forme leur direction avec celle de l'embouchure de cette riviere, est celui qui produit les plus fortes vagues; & la pente de la montagne, très-alongée de ce côté, permet à ces vents d'atteindre plutôt la surface des eaux : tandis que la côte du nord plus élevée, plus à pic, met une plus grande partie du lit de la riviere à l'abri de l'impulsion des vents qui viennent de ce côté.

Ainsi, toutes choses égales d'ailleurs, & abstraction faite des angles saillants de la côte, tendants à réfléchir les courants qui ont lieu dans l'embouchure de la Seine, c'est sur la rive droite que doit s'établir plus constamment le lit de la riviere.

Avant que de quitter cette partie de la côte, nous croyons convenable de tirer quelques inductions des faits que nous venons de rapporter.

D'anciens titres fixent en 1100 la position de l'église de Saint-Adresse sur le banc de l'Eclat, à 700 toises environ du cap actuel de la Heve.

Une description du Havre en 1667, indique que depuis son établissement, la pointe de la Heve a été détruite de plus de 200 pas, ainsi qu'une grande jetée qui avoit été construite pour arrêter les progrès des dégradations de la mer & la marche du galet. Les premiers fondements de la ville du Havre ont été jetés en 1520, & l'époque de l'établissement indiqué ci-deſſus doit être fixée à 30 ou 40 ans après.

49. Ainſi l'on peut conclure de ces deux faits que la deſtruction du cap de la Heve a été, juſqu'à préſent, d'une toiſe par an environ.

On ſent bien qu'il ſeroit très difficile à l'art de réſiſter à de ſi grands effets de la nature, & que quelques épis que l'on puiſſe exécuter au cap de la Héve, pour en empêcher la deſtruction, ils auront le même ſort que ceux qu'on y a déjà conſtruits; ils cauſeront attériſſement d'un côté & occaſionneront des dégradations de l'autre. Mais cet objet ſera diſcuté ci-après, lorſqu'il ſera queſtion des épis.

50. De la force avec laquelle le cap de la Heve eſt attaqué par la mer, on doit conclure une deſtruction prochaine des Phares qui ſont conſtruits ſur le haut de la côte, & de la conduite qui porte l'eau des ſources de Saint-Adreſſe à la ville du Havre. On tiendroit vainement à la conſervation de l'un & de l'autre de ces ouvrages : en la ſuppoſant poſſible, la dépenſe qui en réſulteroit, deviendroit à la fin plus conſidérable que les moyens pour les remplacer.

51. Les jetées & les autres ouvrages d'art conſtruits pour l'établiſſement du port du Havre, offrent un point d'appui fixe à une des extrémités de la digue de galet qui protege la ville & le fauxbourg d'Ingouville; tandis que l'autre extrémité tenant au cap de la Heve, ſe reculera à meſure que ce cap ſera détruit Il s'enſuit que, dans un temps, à la vérité, très-éloigné, la ville du Havre ſera contournée par la mer qui s'ouvrira entr'elle & la côte d'Ingouville un paſſage pour ſe

joindre plus directement à la Seine, entre la paroisse d
l'Heure & la pointe du Hoc. Alors le cours du galet fer
changé, l'entrée du port du Havre n'en fera plus comblée
elle deviendra plus facile & plus profonde, & fi l'on peu
conferver cette île, malgré les efforts de la mer qui l'atta-
quera de toutes parts, elle offrira un des ports les plu
commodes de la côte.

52. Depuis à-peu-près 400 ans, la pointe du Hoc a remont
l'embouchure de la Seine de 1,500 toifes environ ; la march
progreffive de cette pointe eft donc de près de quatre toife
par an (*). On peut donc en conclure : 1°. que la Lézard
fera forcée de s'ouvrir une autre embouchure, & qu'elle re-
prendra peut-être fon ancien lit fous le village de Graville
2°. que la Seine tendra plus que jamais à fe porter vers Hon
fleur, & que, dans cette partie, la côte de Grace continuer
d'être attaquée comme par le paffé.

53. Il réfulte enfin de ce qui a été dit fur l'origine & l
formation des bancs dont eft parfemée l'embouchure de l
Seine, une impoffibilité phyfique de la rendre navigable au
grands vaiffeaux, & que le feul moyen de les faire remonte
jufqu'à Rouen, feroit de leur pratiquer un canal indépen
dant de la riviere, & dont les extrémités iroient aboutir à
deux points où les alluvions ne feroient plus à craindre.

54. On a conftruit, il y a cent ans environ, des éclufes de
chaffe à Fécamp. Avant cette époque, l'entrée du port étoit
fréquemment bouchée par le galet ; on en voit encore une
maffe de plus de 100,000 toifes cubes, retenue par la jetée
d'aval entre la mer & le port. Ces éclufes nettoient parfaitement

(*) Cet accroiffement de la pointe du Hoc n'eft plus fi confidérable depuis qu'on enlève
le galet dans le chenal du port du Havre, (Voyez la Note de la page 36.)

l'entrée

l'entrée du chenal & chaſſent les pouliers à meſure qu'ils ſe forment. Le galet repouſſé du côté d'amont par les vents de nord-oueſt, gagne le pied de la falaiſe, le long de laquelle il continue d'être roulé.

55. L'entrée du port de Saint-Valery-en-Caux, a toujours été tenue en bon état par le moyen d'une écluſe de chaſſe ; mais l'état de vétuſté du radier & principalement le peu de grandeur de la retenue qui ſe trouve preſque comblée, en rendent actuellement l'effet preſque nul. Le galet bouche l'entrée du port dans la morte-eau, & dans ce temps les bateaux même courent beaucoup de riſque, ſoit pour y entrer, ſoit pour en ſortir (*).

56. Le port de Dieppe offre plus que tout autre un grand réſultat des effets du galet & des moyens employés pour obvier à ſes inconvénients.

Dans des temps très-reculés, les navires remontoient dans la vallée juſqu'à Bouteilles, à 1,500 toiſes du port actuel. L'embouchure de cette vallée formoit alors une eſpèce de rade très-profonde, dans laquelle on avoit accès par deux entrées, l'une au pied de la falaiſe de l'eſt où ſe trouve le chenal actuel, entretenue par la réunion des rivieres d'Eaulne & de Béthune ; l'autre au pied de la falaiſe de l'oueſt, entretenue par la riviere d'Arques.

L'entrée de l'oueſt commençant à s'encombrer par le galet, les habitants formerent une eſpèce de retenue d'eau, au moyen d'écluſes groſſiérement conſtruites, & réuſſirent par ce moyen à entretenir, pendant quelque temps, un chenal

---

(*) Depuis la rédaction de ce Mémoire, le Gouvernement a fait conſtruire de nouvelles écluſes.

F

aſſez ouvert; mais les malheurs des temps firent négliger ce
ouvrages : l'entrée de l'oueſt ſe trouva comblée, & la rivier
d'Arques fut jointe à celles d'Eaulne & de Béthune, pou
avoir ſon écoulement par le chenal de l'eſt.

C'eſt depuis cette époque, que s'eſt accru le poulier d
galet ſur lequel la ville eſt actuellement conſtruite. Elle éto
dans une eſpece de preſqu'île, & la mer venoit battre le
murs qui forment encore aujourd'hui ſon enceinte. Nou
joignons à ce Mémoire un ancien plan qui nous fait connoîtr
ce qu'étoit, dans ces derniers temps, la poſition de la ville
relativement à la mer & à la poſition de ſon port.

Le chenal contournoit la partie du mur d'enceinte de l
ville qui ſe trouve entre la Tour aux crabes *A* & le Cavalier *B*
appellé *Moulin à vent*. La tête de la Jetée ſituée vis-à-vis c
Cavalier, n'étoit alors éloignée de la Tour aux crabes que d
100 toiſes; mais les accroiſſemens ſucceſſifs du poulier, ayan
toujours preſſé la riviere contre la falaiſe de l'eſt, on s'eſt v
forcé de retenir le galet par des parties de jetées qui, pro
longées à différentes époques, ont mis l'entrée du chenal o
nous la voyons aujourd'hui.

Ces différents prolongemens n'ont eu lieu qu'à meſure qu
le galet, dépaſſant la tête de la Jetée, venoit former, dan
l'intérieur du chenal, des pouliers ſemblables à celui don
nous avons parlé ci-deſſus (43), & pour l'enlevement déſ-
quels on a fort ſouvent eu recours à la main des hommes.

Mais toutes ces dépenſes n'ont été que des palliatifs qu
ont fait diſparoître le mal, ſans y apporter le vrai remede
puiſqu'en effet les choſes ſont actuellement dans le même
état où elles étoient il y a 200 ans environ, lorſqu'on fit
le premier prolongement de la Jetée, avec cette différence,

que la tête du chénal a l'inconvénient d'être actuellement à 300 toises de la Tour aux crabes ; ensorte que depuis 200 ans, l'entrée du port a été reculée de 200 toises.

Ces différents prolongements ont accumulé parallelement au mur de la ville une maffe de galet de plus de 1,500,000 toifes cubes, fur laquelle on a établi les Batteries, les Corderies & les Chantiers de conftruction.

La ville d'Eu, fituée actuellement à une lieue de la mer, dans la même vallée que le Tréport, avoit anciennement un port. Les dépôts du galet à l'entrée de la baie formerent un poulier qui, s'allongeant toujours en fuivant la forme que nous avons indiquée ci-deffus (43), força la riviere de Brefle à couler au pied de la falaife de l'eft, fous le village de Mers. Alors s'accrurent les dépôts de la riviere qui forment les prairies que nous voyons à préfent entre le Tréport & la ville d'Eu, dont le port fut fucceffivement comblé & enfin abandonné.

Le lit de la riviere fut changé par un Comte d'Eu & fixé, au moyen de deux jetées, fous les murs du Tréport, dans l'emplacement du port actuel. Une groffe tour formoit la tête du chénal que divers prolongements de la jetée d'aval préferverent pendant un affez long efpace de temps de l'encombrement du galet ; mais la nature, plus conftante dans fes effets, que l'art n'eft diligent à les prévenir, fit franchir au galet tous les obftacles que la main des hommes avoit élevés. La Jetée d'aval ne fut plus prolongée, & la pointe *B* du poulier *ABC* (*fig. 23*) s'allongeant toujours vers l'eft, porta de ce côté l'embouchure de la riviere à plus de 100 toifes de l'entrée du port ; à peine les plus petites barques pouvoient-elles entrer.

F ij

Tel étoit, en 1778, l'état du Tréport, lorfque l'on projeta l'éclufe de chaffe qu'on vient d'y conftruire (*), qui courut pour la premiere fois au mois de Septembre 1780. En 1781, différents ouvrages qu'on exécuta pour la réparation & l'entretien des jetées, empêcherent le fervice des éclufes, pendant un temps affez confidérable, & ce n'eft qu'au premier Janvier 1782 qu'il faut rapporter l'époque de leur premier effet.

Tout le galet amené depuis ce moment par les vents d'aval, a été repouffé, & plus de 5,000 toifes cubes encombrant le chenal ont été enlevées, au point que la riviere coule actuellement entre deux jetées fur le roc vif.

57. Le galet chaffé par les éclufes, va fe dépofer circulairement à la laiffe de baffe mer, en formant une efpece de bourrelet élevé de quelques pieds au-deffus du niveau de l'eau. Ce bourrelet eft crevé dans différentes parties pour le paffage du courant qui coule dans cet endroit fur peu de hauteur, à raifon de fon extenfion; l'action des vagues, à marée montante, l'a bientôt effacé, & le galet reporté du côté de l'eft, gagne le rivage le long duquel il continue d'être roulé toujours en s'éloignant du port.

58. Nous avons dit ci-deffus que le galet qui arrive au Tréport eft le produit de tous les filex que fourniffent les débris de la falaife depuis le cap d'Antifer jufqu'au Tréport. Ce galet, chaffé par les éclufes, fe joint à celui qui provient de la

---

(*) Cette éclufe a été conftruite à la demande & aux dépens de S. A. S. Monfeigneur le Duc de Penthievre. Ce Prince touché de la mifere à laquelle la ruine du port de Tréport en avoit réduit les habitants, confacra 170,000 liv. pour l'exécution de cet ouvrage qu'il regardoit, avec raifon, comme le plus fûr moyen de rendre au port fon ancien commerce & de procurer à la Marine une augmentation de matelots.

deftruction de la côte depuis le Tréport jufqu'au bourg d'Ault, contourne l'emplacement de Cayeux, & va fe rendre à la pointe du Hourdel. Le galet, arrêté dans fa marche par le courant de la marée baiffante qui fort de la baie de Somme, forme cette pointe à l'embouchure de cette riviere, comme il produit celle du Hoc à l'embouchure de la Seine.

59. La pointe du Hourdel eft, comme celle du Hoc, la partie la plus faillante d'un poulier qui s'eft accru par les dépôts fucceffifs du galet, retenu par le courant de la Somme & de la marée baiffante. Ces deux pouliers augmentent en raifon du galet qui y arrive, & prefqu'en raifon de la longueur des côtes qui le fourniffent; parce que le galet qui vient du cap d'Antifer jufqu'au Hourdel, ayant plus de chemin à parcourir que celui qui fe rend à la pointe du Hoc, doit éprouver un frottement plus répété & diminuer de groffeur dans une proportion plus confidérable. On a en effet obfervé que le galet qui arrive au Havre eft bien moins arrondi que celui qui fe trouve du côté de Cayeux. Les fuperficies de ces pouliers doivent donc être à-peu-près proportionnelles à leur éloignement du cap d'Antifer qui eft le point de partage du galet; & ces diftances étant entr'elles environ comme 4 eft à 1, le poulier de la Somme devroit être, toutes chofes égales d'ailleurs, quatre fois plus confidérable que celui de la Seine. Celui-ci contient 3,710,000 toifes fuperficielles, l'autre 11,250,000 toifes; ce qui établiroit le rapport comme 3 eft à 1, différence qui n'eft point étonnante; attendu le plus grand frottement des galets & le plus grand nombre de baies qu'ils ont eu à remplir en venant du cap d'Antifer jufqu'à la Somme. D'ailleurs les dépôts qui entrent dans la formation des pouliers, en augmentent la fuperficie, & la Seine en fournir plus que la Somme.

60. Cette riviere eſt pouſſée vers le Marquenterre par l'extenſion de la pointe du Hourdel, comme la Seine l'eſt elle-même vers la côte d'Honfleur par la pointe du Hoc ; & l'on verra, dans les temps à venir, l'embouchure de la Somme ſe joindre à celle de l'Authie, après avoir détruit toute la côte de Saint-Quentin.

61. Les ſables provenant du choc & du frottement des galets, ſont enlevés & pouſſés ſur la rive droite de la Somme par les vents de la partie de l'oueſt & du ſud-oueſt ; ils gagnent la côte du Boulonnois & enfin celle de Flandre, en formant & entretenant les dunes qui bordent le rivage. Une partie de ces ſables obſtrue l'embouchure des rivieres qui ſe trouvent ſur ſon paſſage ; remonte dans leurs lits, entraînée par la marée montante & pouſſée par les vents de mer qui ſoufflent dans leur direction.

Tout ce que nous avons obſervé à l'égard de la Seine, peut s'appliquer à ces rivieres & principalement à celle de la Somme dont le lit s'établit plus conſtamment du côté du Crotoy, & ne ſe porte du côté de Saint-Valery que lorſque les vents du nord ont régné pendant quelque temps (47 & 48).

62. Les ports que nous venons de parcourir ne ſont pas les ſeuls endroits de la côte qui aient éprouvé les inconvé-nients réſultants de la deſtruction des falaiſes & de la forma-tion du galet. La mer peſe avec tant de force ſur la côte du bourg d'Ault près le Tréport, que depuis très-peu d'an-nées, des rues entieres de ce bourg ont été enlevées.

63. Le bourg de Veules, près Saint-Valery-en-Caux, avoit autrefois un port qui a été détruit ; & les habitants pêcheurs ſont venus peupler à Dieppe un quartier appellé *le Petit Veules.*

64. L'embouchure de la Séye, celles de la Saane & du Durdan font conftamment pouffées par le galet au pied de la falaife
de l'eft : il arrive fouvent qu'après des vents d'aval, le galet
les ferme entiérement. Alors les eaux fe répandent dans ces
vallées & forment des inondations très-préjudiciables. En été,
les eaux qui n'ont pu s'écouler, croupiffent, infectent l'air
qui porte le germe des maladies les plus terribles dans les
environs ; à peine quelquefois trouve-t-on, dans la moiffon,
affez d'habitants pour faire la recolte.

65. On a prévenu ces inconvénients dans la vallée de Saint-
Aubin, en conftruifant, à l'embouchure du Dun, une éclufe de
chaffe qui entretient toujours un chenal au moyen duquel la
riviere a toujours fon cours. Depuis environ 30 ans que cette
éclufe eft exécutée, il n'y a plus d'inondations, & les maladies
putrides qui régnoient ont totalement difparu.

RÉFLEXIONS

fur les moyens employés pour fe garantir du galet.

On vient de voir que les moyens employés pour fe garantir du
galet font 1°. les Jetées, 2°. les Epis, 3°. l'Enlevement à bras
d'hommes, 4°. les Eclufes de chaffe. La plupart de ces articles
exigeroient un mémoire particulier; mais les limites que nous
nous fommes prefcrites, & l'objet que nous avons en vue, ne
nous permettent d'en parler que très-fuccinctement. Nous
nous bornerons donc à des principes que nous tâcherons d'é-
tablir affez clairement pour qu'ils n'aient pas befoin de trop
longues preuves.

1°. *Des Jetées.*

66. Il faut bien diftinguer les Jetées, des Môles. Un Mô
eft un ouvrage établi en avant d'un port pour le mettre à l'ab
des vents régnants ; & le principal objet des jetées eft de fo
mer une communication de l'intérieur d'un port jufqu'à
pleine mer, lorfqu'il en eft féparé par quelque langue
terre. Il n'y a point de jetées dans prefque tous les por
de la Méditerranée ; mais dans l'Océan, où ils font to
fujets au flux & au reflux de la mer, il y a toujours u
certaine diftance de l'intérieur de la plupart de tous ces por
à la laiffe de la baffe mer ; & c'eft dans cette diftance qu
faut employer des jetées, afin de fixer un chenal pour
fûreté de la navigation : c'eft un des motifs qui déte
minent leur conftruction. La longueur de ces jetées ve
l'intérieur des ports qui font fujets au galet & autres all
vions, eft d'ailleurs relative à la direction du chenal, p
rapport à celle des vents régnants.

En effet, plus ces directions tendent à coïncider, plus l
vagues ont d'avantage pour pouffer le galet vers l'intérieu
& fi la jetée du côté des alluvions étoit très-courte, ell
pourroient pénétrer, d'une marée à l'autre, dans l'avant-po
& s'y dépofer de maniere à ne plus fe trouver fous le j
des éclufes deftinées à les repouffer.

Mais dans les ports de la Manche, & principalement da
ceux qui font fitués entre l'embouchure de la Seine & celle
la Somme, on a fait un grand abus des jetées en les prolongea
vers la mer pour arrêter le galet : tout ce que nous avons
ci-deffus fur fon origine & fa marche, en forme une preu

fans replique. On peut en effet fe demander : D'où vient le galet ? de la deftruction des falaifes : Peut-on empêcher les falaifes de fe détruire ? cela eft impraticable (*). Il n'eft donc pas poffible d'empêcher le galet de fe former. Quelle caufe amene le galet dans nos ports ? l'action des vagues de la mer agitée, principalement par les vents du nord-oueft, les plus conftants & les plus violents qui regnent fur la côte. Peut-on s'oppofer à l'effort des vagues, ou au moins les détourner ? la chofe eft impoffible. Le galet viendra donc toujours ; & à quelque diftance que vous prolongiez vos jetées, laiffez agir la nature ; le galet les aura bientôt dépaffées : c'eft l'affaire du temps ; & le temps & la nature feront toujours au-deffus de vos efforts.

67. Ainfi le prolongement des jetées ne s'oppofe au galet qu'en fixant fes progrès ; il éloigne le mal, fans y apporter le vrai remede ; & bien loin de faciliter la navigation, il rend le danger plus grand, en laiffant plus long-temps les navires entre deux écueils, dans leur paffage de la pleine mer au port.

2°. *Des Épis.*

68. Les Ingénieurs qui ont fenti l'inconvénient du prolongement des jetées, ont fait exécuter des épis pour arrêter le galet dans fa courfe & l'empêcher d'arriver jufqu'au chenal ;

(*) On dit feulement que cela eft impraticable, parce que la chofe n'eft pas phyfiquement impoffible ; un mur de revêtement ou tout autre ouvrage conftruit le long des falaifes, qui empêcheroit l'action des vagues d'en faper le pied, s'oppoferoit inconteftablement à leur deftruction, & par conféquent à la formation du galet ; mais on fent que ce projet n'eft pas propofable, par la dépenfe qu'il feroit dans le cas d'occafionner, foit pour fon exécution, foit pour fon entretien,

G

même réfultat que celui du prolongement des jetées ; dépenfes également inutiles & perdues avec un inconvénient de plus encore.

Soit en effet *DAEK* (*fig. 10*) la crête fupérieure du galet, *NBbm* le pied de fon talut ; foit encore fuppofé le galet avoir fon cours dans la direction *Nm*, & que l'on ait conf-truit l'épi *AC*, jufqu'à ce que le galet ayant enfin atteint le point *C*, extrémité de l'épi, dépaffe pour reprendre fon cours le long de *Bm*. Or, il arrive que, pendant la formation du dépôt, les vagues acquierent une force, en roulant le long de *cba*, telle que le rivage *aKmb* eft bientôt détruit, & que la crête du galet vient en *aIK* ; en forte que la maffe enlevée eft peut-être auffi confidérable que celle qui eft retenue le long de *AC*. Il arrive encore que l'on eft obligé quelquefois de prolonger l'épi en fens contraire, c'eft-à-dire de *A* en *A'* ; car fans cette précaution, tout le galet retenu le long de *AC* dé-pafferoit par l'extrémité *A* pour courir le long du talut *aIK*, & l'épi refteroit ifolé.

69. La quantité de galet ou autres alluvions retenue par les épis (*fig. 8 & 9*), eft relative au gifement de la côte dans la partie où il a été conftruit, en ayant égard à l'angle de 45 de-grés que doit former avec elle la direction *pm* des vents qui donnent au galet la plus grande vîteffe (35), & à ce que le der-nier élément de la courbe qu'il prend dans fon plan horizontal, eft perpendiculaire à la direction de ces vents (20). On a in-diqué ci deffus la nature de cette courbe, & il en réfulte qu'un épi *AB*, conftruit dans une anfe *A* (*fig. 8*), retiendra une maffe plus confidérable d'alluvions, qu'un autre *CB* qui, ayant la même longueur, feroit conftruit à la tête d'un cap *C* (*fig. 9*), puifque le point tangentiel *D* de la courbe formée

par les alluvions, rencontrera la côte plus près de *CB* (*fig.* 9), que de *AB* (*fig. 8*).

70. Il est en outre aisé de se convaincre du peu d'utilité d'un épi, lorsque le but de son exécution est de conserver un cap, au moyen des attérissements qu'il doit occasionner. En effet, outre ce qu'on vient de dire ci-dessus sur les dégradations qui ont lieu du côté opposé aux alluvions, on doit bien penser que la mer continuera de détruire la côte en-deçà du point *D* (*fig. 8*), où commence la courbure de leur plan. Par la suite l'épi sera contourné, séparé de la côte & occasionnera, par la réaction qu'il offrira aux vagues, de plus promptes dégradations que son exécution n'en aura pu prévenir ou retarder.

Presque tous les épis construits sur la côte pour s'opposer à la marche du galet, ont les inconvénients que l'on vient d'indiquer. Celui de Saint-Adresse, construit près le cap de la Heve, en est un exemple assez récent, & l'on ne devroit point en différer la démolition, pour arrêter, au moins en partie, les dégradations qui menacent la conduite des eaux qui viennent au Havre, dégradations qui ont leur principale origine dans les effets occasionnés par cet épi. Sa destruction pourroit faire craindre à quelques personnes que la masse de galet qu'il retient, ne vînt encombrer l'entrée du port ; mais si elles considerent qu'il se trouve derriere l'épi un très grand vuide résultant de la destruction de la côte & produit par le choc des vagues dont l'effet a été augmenté par la réaction même de cet épi ; elles seront bientôt rassurées & convaincues que la masse retenue n'est pas à beaucoup près suffisante pour remplir entiérement ce vuide.

71. On vient de voir que les épis étoient insuffisants pour arrêter les progrès des dégradations occasionnées par le choc

des vagues ; on a prouvé qu'ils font inutiles pour s'oppofer à la marche du galet, & il eft aifé de fe convaincre que, s'ils rempliffoient ce dernier objet, il en pourroit quelquefois réfulter de grands inconvénients.

Prenons encore pour exemple cet épi de Saint-Adreffe & fuppofons que fon prolongement dût arrêter totalement le galet ; fon cours feroit par conféquent fufpendu depuis cet épi jufqu'à la Jetée du nord-oueft, & il n'entreroit dans le chenal, que celui que la mer déplaceroit dans cet intervalle, en donnant au rivage une forme telle qu'il fût à-peu-près en équilibre avec l'action des vagues.

Une fois cet équilibre établi, le galet n'en auroit pas moins, lorfque la mer feroit agitée, un mouvement perpendiculaire à fon talut. Or, de ce mouvement il en réfulteroit un frottement, & à la longue, ce frottement finiroit par atténuer le galet à un tel point, que le rivage feroit totalement détruit & que la mer inonderoit tous les terreins compris entre la ville du Havre & Ingouville.

Or, cet événement ne manqueroit pas d'avoir lieu, fi le cours du galet étoit abfolument fufpendu ; il devient donc, dans ce cas, un mal néceffaire. C'eft en effet par fon moyen que la mer s'oppofe elle-même des digues qui l'empêchent de fubmerger tous les terreins des paroiffes d'Ingouville, Graville & l'Heure ; c'eft encore par le même moyen qu'elle exhauffe & fortifie ces digues en raifon de la hauteur des vagues & de leur impétuofité ; c'eft enfin en rapportant fans ceffe de nouveau galet, qu'elle les entretient & les rend toujours capables de réfifter à fes propres efforts.

3°. *De l'Enlevement du galet.*

72. Lorfqu'à l'entrée d'un port, il ne fe dépofe que peu d'alluvions, il feroit peut-être économique de les enlever à bras d'hommes & par voitures; mais on doit obferver que ce moyen eft d'une longue exécution, dont la dépenfe iroit toujours en augmentant, à mefure que les diftances du tranf- port feroient plus confidérables. Il faut d'ailleurs des bras, & des bras dont on puiffe difpofer à volonté; ce qui n'eft pas toujours facile à trouver.

73. Mais un plus puiffant motif doit encore faire rejeter ce moyen comme infuffifant dans les ports compris entre la Seine & la Somme. On a en effet reconnu que la mer, agitée par les vents de la partie de l'oueft ou du nord-oueft, pou- voit apporter, d'une marée à l'autre, à l'entrée de ces ports, une très-grande quantité de galet, & que l'enlevement de cette maffe exigeoit un travail long & pénible, pendant la durée duquel le chenal reftoit toujours obftrué & les navires expofés à toucher en entrant. On ne pourroit donc raifonna- blement propofer l'enlevement des alluvions, foit à bras d'hommes, foit avec des voitures, que lorfque ces moyens feroient fuffifants pour déblayer, charger & tranfporter, pendant la marée baffe, tout ce qui auroit été apporté pendant la marée montante; ce qui eft prefque toujours impoffible.

4°. *Des Eclufes de chaffe.*

74. Les éclufes de chaffe font le meilleur moyen qu'on ait employé pour fe garantir des inconvénients du galet; c'eft

un agent dont on difpofe à volonté , & dont on peut toujours
proportionner la force à l'effet qu'on veut produire. Ici, la
puiffance agiffante & la force répulfive ont le même principe :
l'eau de la mer agitée par les vents, forme le galet, le roule
& le conduit dans nos ports ; & l'eau de la mer, retenue à
marée haute & rendue à marée baffe à la force de la gravité ,
qui s'empreffe pour ainfi dire de l'animer, forme un torrent
impétueux dont l'effort peut furpaffer de beaucoup celui des
vagues. Auffi l'effet des chaffes eft-il immanquable pour net-
toyer le chenal d'un port, l'approfondir & enlever toutes les
alluvions que la mer peut chaque jour y apporter.

75. Les éclufes de chaffe conftruites anciennement & celles
qu'on a récemment exécutées font une preuve de fait que l'on
ne peut révoquer en doute. Celles de Dunkerque faifoient
leur effet jufqu'à 1,800 toifes ; elles ont creufé le port & le
chenal de 15 pieds de profondeur en dix ans. (*Arch. hydraul.
de Bélidor* , 2ᵉ. *partie, tom. 1ᵉʳ. §. 66.*)

L'entrée du port de Fécamp eft toujours facile & profonde,
au moyen du jeu des éclufes. On a vu quelquefois le chenal
entiérement bouché ; c'étoit dans des temps où la réparation
des radiers ou des portes ne permettoit pas de chaffer ; mais
ce travail fini, c'étoit l'affaire d'une vive-eau pour remettre
les chofes dans le premier état. On peut dire la même chofe
des éclufes de Saint-Valery-en-Caux.

En fix mois de temps, les éclufes du Tréport ont creufé le
chenal de plus de 8 pieds de profondeur & enlevé une maffe
de galet de plus de 15 pieds de hauteur. La raifon & l'expérience concourent donc à prouver l'avantage unique des
éclufes de chaffe.

76. Mais ces avantages dépendent de plufieurs conditions

qu'on se contentera d'énoncer. 1°. Les dimensions d'une écluse de chasse doivent dépendre de son éloignement de la tête des jetées, de la largeur du chenal que l'on veut entretenir & de la quantité de galet que la mer peut y apporter. 2°. Il doit y avoir un rapport constant entre les dimensions de l'écluse & celles de la retenue; car la grandeur de la retenue doit dépendre de l'eau qui peut y entrer (*). 3°. L'effet des écluses, pour chasser les pouliers que la mer forme à la tête des jetées, dépend principalement de la position de ces jetées,

(*) Depuis la rédaction de ce Mémoire, le hasard m'en a procuré un autre dans lequel on attaque les principes ci-dessus. Il a pour titre : *Mémoire sur les ports de mer en général, mais particuliérement sur ceux qui sont exposés aux alluvions, avec des applications au port de Dieppe.*

On y regarde comme *spécieux* le raisonnement qui tend à prouver que les dimensions d'une écluse de chasse doivent dépendre de la largeur du chenal que l'on veut entretenir & de la quantité de galet que la mer peut y apporter. On y soutient *qu'on ne doit seulement avoir égard qu'à la largeur du chenal;* & en prenant pour principe : *qu'une alluvion annuelle de 3,000 toises cubes exige 120,000 toises cubes d'eau pour être repoussée,* il en faudroit 40,000 toises pour 1,000 toises cubes d'alluvions, &c. & qu'il ne faudroit enfin que 40 toises cubes d'eau pour entretenir un chenal de 120 pieds de largeur, dans lequel il n'arriveroit qu'une toise cube de ces alluvions par an; ce que l'Auteur du Mémoire en question ne croit pas possible.

1°. On accorde les conséquences du principe & l'on pense sincérement qu'avec une retenue de 40,000 toises cubes d'eau bien dirigées, on peut entretenir un chenal de 120 pieds de largeur, à l'entrée duquel la mer amene 1,000 toises cubes de galet par an, &c. & enfin que 40 toises cubes d'eau suffiroient pour le débarrasser d'une toise cube de ces alluvions. Mais en vérité, dans ce dernier cas, cela n'en vaudroit pas la peine; & dans la physique, c'est un moyen bien erroné de conclure ainsi par les extrêmes.

2°. En suivant ce même moyen & en soutenant que les dimensions d'une écluse, & par conséquent celles de la retenue, ne doivent pas dépendre de la quantité d'alluvions qui arrivent dans un chenal, mais uniquement de sa largeur, il s'ensuivroit qu'à quelque cube que pussent s'élever ces alluvions, à un million de toises cubes, par exemple, il ne faudroit point changer les dimensions des écluses & de la retenue. Le Mémoire en question contient plusieurs erreurs de ce genre; mais ce seroit s'écarter de son but que de les réfuter.

par rapport à la dirction des éclufes. Nous allons entrer dans
quelques détails à ce fujet.

77. Soit *ACD* (*fig.* 12) la jetée qui retient le galet venant
de *E* en *A* ; le pied *EA* du talut étant parvenu en *A* extrémité
de la jetée, le galet dépaffe & va former le poulier *ABC* ; les
vents d'aval étant ceux qui regnent le plus conftamment fur
la côte, les navires font obligés, pour entrer dans le port,
d'accofter la tête *A* de la jetée *AC*. Si le poulier *ABC* n'exiftoit
point, les navires côtoieroient la jetée *ACD*, & par ce moyen
feroient bientôt à l'abri ; mais à caufe du poulier, ils font
obligés de fuivre la route *Abc* ; ce qui les met en danger de
dépaffer la jetée *ad*, & d'aller échouer & fe perdre derriere *ae*.
Il eft donc intéreffant de détruire le poulier *ABC*, à mefure
qu'il fe forme ; & c'eft, à parler exactement, l'endroit du chenal où le galet offre le plus d'inconvénients pour l'entrée des
navires.

78. Or, les éclufes ne parviendront jamais à chaffer entiérement le poulier *ABC*, fi la jetée *ACD* ne forme point dans
fon plan, une courbe dont la concavité tournée du côté du
chenal, foit frappée par le courant des éclufes, fuivant une
direction *LS* (*fig.* 14).

79. En effet, fi l'on fuppofoit les jetées en ligne droite,
le chenal & les éclufes dans la même direction ; alors le courant *LS* des éclufes (*fig.* 13), parvenu en *S* jufqu'au poulier
CBA, n'ayant aucune force qui le follicite à porter fon effet
plutôt à droite qu'à gauche, s'échappera naturellement du
côté de la moindre réfiftance & paffera entre *B* & *a* ; alors le
poulier ne fera pas emporté.

80. L'effet des éclufes fera bien moins confidérable encore
fur le poulier, fi la jétée d'aval, établie fur un plan circulaire,

tourne

tourne fa convexité du côté du chénal ; tout le courant des
éclufes fe portera le long de la jetée *da* (*fig. 12*) , s'échappera
entre *B* & *a* , & le poulier ne fera nullement attaqué.

81. La raifon de ces différents effets eft fondée fur le principe qu'un corps forcé de décrire un mouvement circulaire ,
tend toujours à s'échapper par la tangente. Une éclufe aura
donc le plus grand effet poffible , par rapport à la pofition
des jetées , lorfque leur plan fuivra les éléments ou les tan-
gentes d'une courbe dont la convexité fera tournée du côté
d'où vient le galet. Malheureufement toutes les jetées conftruites entre la Seine & la Somme , font élevées fur le plan le
plus défavantageux.

DE L'IMPOSSIBILITÉ

*occafionnée par le galet de faire l'établiffement d'un
Port de Roi dans ceux qui fe trouvent entre l'embouchure de la Seine & celle de la Somme , & indi-
cation du feul endroit où cet établiffement feroit poffible dans cette partie de la côte.*

82. Nous appellons *Port de Roi* , celui dont le chenal eft
affez profond pour permettre aux vaiffeaux de Sa Majefté
d'entrer & fortir , même au moment de la baffe mer.

83 Si, par un moyen quelconque , on pouvoit arrêter le
galet dans fa marche & l'empêcher d'arriver dans nos ports,
il eft inconteftable qu'au moyen d'une forte éclufe de chaffe,
on pourroit parvenir à creufer un chenal affez profond pour
remplir la condition que l'on vient d'établir. Mais il n'en eft
pas ainfi , & l'expérience nous fait connoître qu'à quelque

profondeur que les éclufes aient mis l'entrée d'un port au-deffous du niveau de baffes mers, le galet pouffé par les vents d'aval a bientôt comblé cette profondeur.

84. Cette variation fubite qui peut furvenir d'un moment à l'autre dans l'entrée d'un port, fait qu'on ne doit compter que fur la hauteur d'eau poffible, eu égard aux changements qui peuvent arriver; & cette hauteur peut fe fixer à partir tout au plus de quelques pieds au-deffous du niveau des baffes mers, attendu que les chaffes fe font toujours un paf-fage dans l'efpece de bourrelet qu'elles forment à l'endroit où leur effort eft en équilibre avec l'action des vagues (57); en forte que, quelque force qu'on puiffe fuppofer aux éclufes, un navire ne doit jamais efpérer pouvoir entrer à marée baffe; ce qui doit faire regarder comme impoffible l'établiffement d'un port de Roi dans ceux compris entre la Seine & la Somme.

85. Nous n'entendons cependant pas exclure l'entrée de ces ports à tous les vaiffeaux de Sa Majefté. Si le galet n'ob-ftruoit point l'entrée du chenal, & fi l'intérieur de leur enceinte étoit difpofé pour les recevoir, il monte affez d'eau à la tête de leurs jetées, pour que des vaiffeaux du troifieme & du fecond rang puiffent y entrer fans danger. Mais ces vaiffeaux font deftinés à faire des expéditions navales, à croifer pour pro-téger le commerce, à chaffer l'ennemi, à porter des ordres effentiels & preffants. Il faut, dans l'exécution de toutes ces chofes, de la promptitude, profiter du vent favorable & ne point manquer l'occafion qui, d'une marée à l'autre, peut s'échapper. Il faut encore que ces vaiffeaux, battus par la tempête, pourfuivis par un ennemi fupérieur, aient un port qui leur foit ouvert à tout moment & dans lequel ils puiffent

fe réfugier & fe mettre à l'abri. On conviendra que les ports de la Manche ne font point dans le cas de remplir ces conditions ; & que, fous ce point-de-vue, on n'en peut tirer aucun parti pour l'établiffement d'un port de Roi.

86. Ce n'eft donc qu'aux alluvions produites par la deftruction des falaifes qu'il faut attribuer l'impoffibilité de rendre les ports dont il eft queftion entiérement propres à la Marine Royale, dans le fens que nous avons établi ci-deffus (82) ; en forte qu'un endroit de la côte où l'on n'auroit rien à craindre de ces alluvions, pourroit remplir cette condition, fi fon emplacement permettoit d'ailleurs un établiffement auffi important.

Nous avons fait voir ci-deffus (40 & 41) que le galet avoit, dans fa courfe, un point de partage ; que ce point étoit le cap d'Antifer, au pourtour duquel le mouvement du galet, le long de la falaife, eft abfolument nul. La côte offre, dans cet endroit, un échouage dont il feroit peut-être poffible de tirer avantage pour la Marine du Roi.

Cet échouage eft Etretat, petit port de pêcheurs, fitué à l'embouchure d'un vallon de 260 toifes de largeur, mefuré d'un efcarpement à l'autre. La plage où les bateaux peuvent aborder a 500 toifes de longueur ; deux caps qui s'avancent dans la mer jufqu'à 100 toifes de diftance réduite, la terminent à droite & à gauche, & forment une baie rentrante en croiffant, à l'abri des vents depuis l'oueft jufqu'au nord-eft, en paffant par le fud.

Le fol du vallon qui répond à cette baie, fe trouve, fur plus de 350 toifes de longueur, de plufieurs pieds au-deffous du niveau des hautes mers. Tout le village d'Etretat, établi dans cette partie du vallon, n'eft préfervé des irruptions de la mer

que par une digue naturelle que les vagues ont formée ave
les feuls cailloux qui proviennent des deux parties faillante
de la côte qui circonfcrivent la baie ; auffi la groffeur de
galets dont cette digue eft formée, ne dépaffe pas communé
ment celle d'un pouce cube.

Les vieillards de ce village ne fe reffouviennent que d'un
feule irruption de la mer à travers la digue. Ils tiennent d
leurs ayeux qu'une riviere couloit autrefois dans ce vallon
elle & fa fource ont difparu. Mais on peut affurer q 'ell
coule fous terre & à peu de profondeur, puifqu'à maré
baffe, on la voit fortir très-abondamment de la partie infé
rieure de la digue de galet.

Cette baie naturelle comprend une étendue de plus d
40,000 toifes fuperficielles, qui n'affeche jamais. Nous nou
fommes affurés, par des fondes que nous avons fait faire, a
mois de Décembre 1780, qu'à 20 toifes du bord de la plage
on pouvoit y mouiller par trois & quatre braffes d'eau
marée baffe. Cette profondeur va toujours en augmentant
à mefure qu'on s'éloigne du rivage ; en forte qu'à 200 toife
on peut mouiller par huit braffes d'eau de baffe mer. Le
fondes font marquées fur le plan que nous donnons de cett
partie de la côte, & nous y avons mis l'efquiffe d'un proj
qui pourroit remplir les conditions que nous avons énoncée
ci-deffus pour être propre à la Marine du Roi. (82 & 85.)

Le projet de cet établiffement confifte 1°, en deux avan
ports *A* & *B*, protégés par deux digues *ab cd* ; 2° dans u
baffin *C* de 350 toifes de longueur fur cent de largeur. C
baffin de 35,000 toifes de fuperficie feroit établi dans la parti
la plus baffe du vallon d'Etretat, & les deux avant-ports occu
pant toute la largeur de la baie, auroient enfemble plus d
90,000 toifes fuperficielles.

Les deux digues *ab cd*, de 350 toifes de longueur chacune, feroient conftruites en pierres perdues, fur un plan & d'après un profil conformes aux principes établis ci-deffus (20-23, &c.)

Au refte, les détails de ce projet & les moyens relatifs à fon exécution, font abfolument étrangers à ce Mémoire. Si nous en indiquons ici l'enfemble, ce n'eft que pour en montrer la poffibilité, & prouver que, dans cette feule partie de la côte comprife entre l'embouchure de la Seine & celle de la Somme, on pourroit former un établiffement capable de recevoir plufieurs vaiffeaux de ligne. Par la pofition avancée du cap d'Antifer, aucun vent ne feroit défavorable pour entrer dans le port; & les côtes, qui fuient le large à droite & à gauche, en faciliteroient la fortie prefque de tous vents, en portant, foit fur un bord, foit fur l'autre.

On doit fentir combien une pofition femblable feroit intéreffante, fur-tout en temps de guerre, pour le commerce de la Manche & principalement pour celui du Havre. On peut dire même que ce projet eft lié avec celui de Cherbourg, en confidérant le point d'Etretat comme un pofte avancé de la grande armée navale; & que celui que nous propofons, ou tout autre qui pourroit être meilleur, mérite, fous beaucoup de points de vue, l'attention du Commerce & la faveur du Gouvernement.

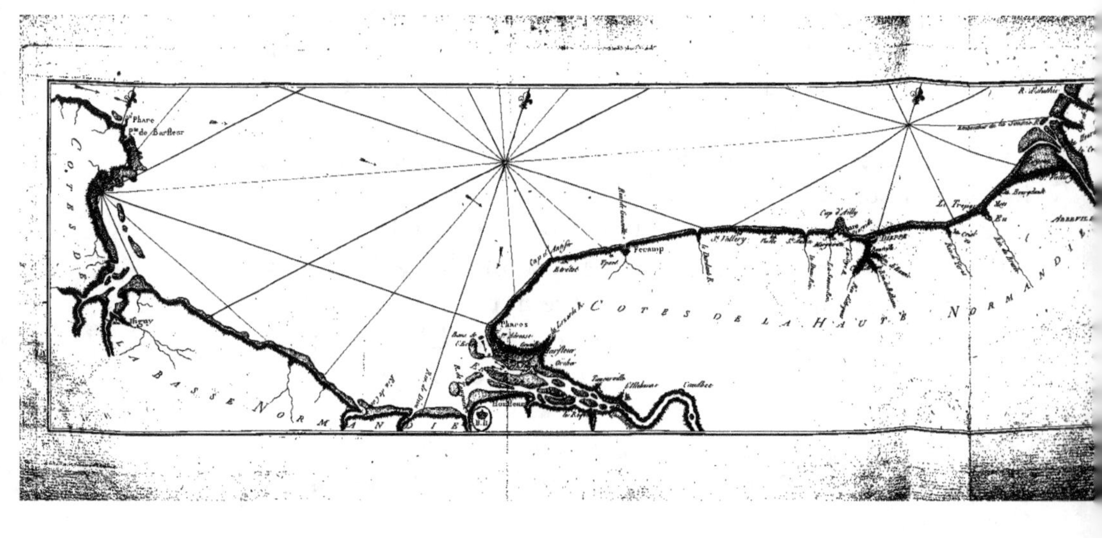

Phare
Pte de Barfleur
COTES DE
LA BASSE NORMANDIE
Isigny
Cap d'Antifer
Bruneval
Yport
Fecamp
St. Vallery
Embouchure de la Seine R.
R. d'Authie
COTES DE LA HAUTE NORMANDIE
Pharos
Ste Adresse
Harfleur
Orcher
Tancarville
l'Islebonne
Caudebec
Honfleur
Cap d'Ailly
DIEPPE
St. Vallery
Ste Marguerite
Le Treport
Mers
Eu
Abbeville
Le Crotoy

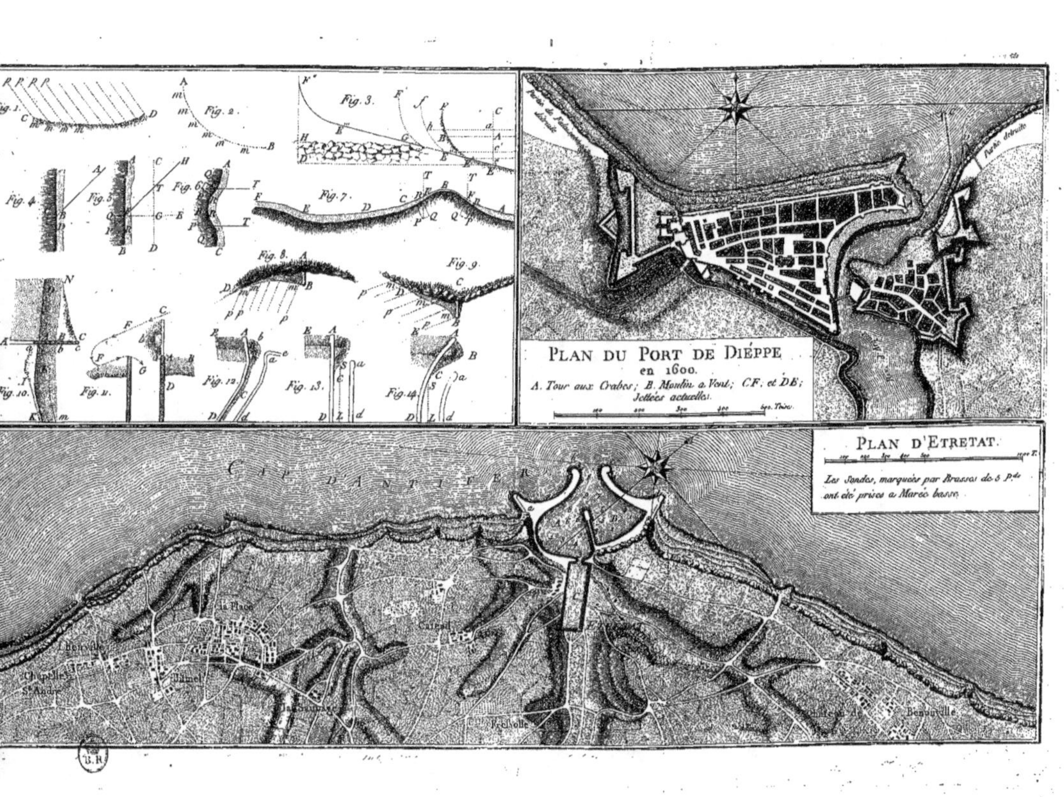

PLAN DU PORT DE DIÉPPE
en 1600.
A. Tour aux Crabes; B. Moulin a Vent; C.F. et D.E;
Jettées actuelles.
PLAN D'ETRETAT.
Les Sondes, marquées par Brasses de 5 P.ds
ont été prises a Marée basse.